Dom H. DIJON

LE BOURG ET L'ABBAYE DE Saint-Antoine PENDANT LES GUERRES DE RELIGION ET DE LA LIGUE

1562-1597

GRENOBLE
LIBRAIRIE DAUPHINOISE
H. FALQUE ET FÉLIX PERRIN
1900

SAINT-ANTOINE

PENDANT LES

GUERRES DE RELIGION ET DE LA LIGUE

Dom Hippolyte DIJON

LE BOURG ET L'ABBAYE

DE

Saint-Antoine

PENDANT LES

GUERRES DE RELIGION ET DE LA LIGUE

1562-1597

GRENOBLE

LIBRAIRIE DAUPHINOISE

H. Falque et Félix Perrin

—

1900

Le Bourg et l'Abbaye de Saint-Antoine.

LE BOURG ET L'ABBAYE

DE

SAINT-ANTOINE

PENDANT LES

GUERRES DE RELIGION ET DE LA LIGUE

(1562-1597)

Avant-Propos

L'histoire du Dauphiné n'a certainement pas eu de phases plus remplies d'événements, de période tourmentée d'une façon plus uniformément continue, que celle qui va du commencement des guerres dites de Religion, à la fin des guerres de la Ligue.

C'est, pendant une durée de trente-sept années et plus, une suite presque non interrompue de révolutions intestines, de bouleversements sans cesse renouvelés, tristes conséquences du fléau de la guerre civile avec ses représailles sanglantes.

Aucune ville, peu de bourgades même qui n'aient alors été le théâtre de quelques événements plus ou moins mémorables et dont les annales recueillies et étudiées ne puissent donner matière aux plus curieux et plus instructifs récits.

Nous n'étonnerons personne en disant que le bourg de Saint-Antoine à cette époque est de ce nombre, et que son histoire se présente tout particulièrement digne d'intérêt, fertile en incidents caractéristiques de ces temps troublés, capable même d'éclairer certains points de l'histoire générale.

Même en dehors de toute prétention à ces vues d'ensemble, le simple exposé des faits aussi mouvementés que nombreux au milieu desquels s'est alors déroulée l'existence de l'illustre abbaye dauphinoise, est de ceux qui attirent et retiennent l'attention du lecteur. Puissions-nous n'avoir pas été trop inférieur à la tâche, pourtant facile, de coordonner ensemble les divers éléments qui composent l'enchaînement de cet exposé et avoir suffisamment mis en œuvre, tant nos propres recherches, que les travaux de ceux qui nous ont précédés (1).

Mais peut-être parlons-nous ici à tort de recherches personnelles, pour un sujet aussi abondamment pourvu

---

(1) Nous devons ici une mention particulière au P. Dassy pour son ouvrage *L'Abbaye de Saint-Antoine*. On reproche, malheureusement avec raison, à cet auteur un certain genre déclamatoire qui était le défaut de son temps, un travail peut-être trop hâté de composition et qui recueille sans les contrôler suffisamment les récits populaires, etc.

Il ne faudrait cependant pas oublier que le P. Dassy est venu des premiers traduire en langage courant les faits si complexes de l'histoire antonienne et que, s'il n'a pas toujours entièrement utilisé les sources de cette histoire, il eut du moins la patiente sagacité de les découvrir presque toutes.

Il nous était agréable de rendre cet hommage en tête de cette étude, à la bonne volonté d'un auteur que les nécessités d'une critique plus exigeante nous obligeront maintes fois de contredire et de rectifier.

de matériaux documentaires connus. Sans compter, en effet, un certain nombre de Mémoires anciens, procès-verbaux, enquêtes des ravages commis par les huguenots, diverses notes et indications disséminées dans les Inventaires, les vieilles minutes, etc., l'histoire de Saint-Antoine a l'inestimable bonne fortune d'avoir été choisie par un annaliste du XVIe siècle, originaire de Saint-Antoine et qui, appartenant ainsi aux entrailles même du pays dont il narre les désastres, l'a choisi naturellement comme point central des événements consignés par lui.

Nous avons nommé les *Mémoires d'Eustache Piémont*, notaire royal de la petite ville et secrétaire de l'abbaye antonienne dès 1572, contemporain par conséquent, et souvent témoin oculaire et acteur de la plupart des faits qu'il raconte. On ne pouvait puiser trop largement à cette source abondante et sûre, et les deux tiers au moins de notre travail ne sont que le résumé expliqué, nous dirions presque une *exploitation* en règle de ces précieux *Mémoires* (1).

Parfois aussi, surtout pour les dix premières années antérieures à Piémont, nous avons dû discuter pour les éclaircir des points controversés ou défigurés par la légende. L'argument seul efficace et compétent en la

(1) Grâce à la magnifique édition qu'en a donnée M. Brun-Durand (Valence, Céas, 1885) ces *Mémoires* jusque-là manuscrits sont maintenant à la portée de tous, et c'est pour nous un devoir de justice de reconnaître ici que les notes savantes autant que lumineuses qui accompagnent cette édition ont singulièrement facilité notre tâche.

matière, le document, a toujours été alors notre guide de confiance et nous n'avons rien épargné pour rechercher son témoignage, sans craindre de l'utiliser, même ostensiblement, toutes les fois que nous en avions besoin pour étayer nos preuves.

Et cependant, dans son ensemble, notre travail demeure avant tout dans les modestes limites d'une œuvre de vulgarisation et avec le but bien arrêté, sinon toujours heureusement atteint, d'intéresser le plus grand nombre de lecteurs.

On y verra une petite ville isolée, perdue dans les coteaux boisés du Viennois, exposée sans relâche à toutes les vicissitudes d'une guerre de partisans, à toutes les horreurs d'un état d'anarchie depuis longtemps sans exemple, ce qui ne l'empêche pas à des intervalles rapprochés de se retrouver elle-même, et de montrer à tous ce que peut une initiative courageuse pour la défense de ses droits méconnus.

Et pendant cette tempête affreuse qui gronde autour d'elle et jusque dans son sein, l'antique abbaye chef d'ordre, qui conserve, malgré tout, la suzeraineté au moins nominale du bourg, semble se complaire dans un rôle effacé ; on dirait qu'elle a pris à tâche de se dérober aux regard de l'histoire. Son abbé, par prudence, vit habituellement éloigné d'elle, et dès lors toute direction vigoureuse lui faisant défaut, elle ressemble de plus en plus à un corps sans âme.

A peine aurons-nous occasion de voir quelques-uns

de ses membres se mêler activement aux efforts défensifs de la petite ville et par leur attitude prendre part à ses gloires aussi bien qu'à ses malheurs.

Les pillages, les vols sacrilèges, sans omettre les violences dont l'abbaye fut au commencement le théâtre et la victime, ne sont pas, hélas ! les seules causes de cet affaiblissement dans son énergie et dans son prestige. Depuis longtemps déjà, la décadence l'avait profondément marquée de sa débilitante empreinte : la porte avait été laissée libre au relâchement dans la discipline par le régime bénéficiaire, par le pécule, par cet esprit de propriété et d'indépendance qui rompt d'abord l'harmonie des cœurs, prépare ensuite les dissensions, des désordres plus graves, et en attendant, paralyse toute résolution généreuse.

Mais pour l'abbaye de Saint-Antoine, comme souvent pour les sociétés et les individus, l'épreuve de la persécution fut un bain salutaire, elle en sortit comme régénérée, remplie d'une vigueur nouvelle, et nous serons heureux, en terminant, de saluer l'aurore de ces jours meilleurs, avec l'élection du saint réformateur de l'ordre, le vénérable abbé Antoine Tholosain.

CHAPITRE PREMIER

LE BOURG DE SAINT-ANTOINE AU XVIe SIÈCLE

ESSAI DE RECONSTITUTION TOPOGRAPHIQUE : ENCEINTE FORTIFIÉE ; ÉGLISE NOTRE-DAME ; GRAND HÔPITAL ET HÔPITAUX ; RÉFECTOIRE ET AUTRES LIEUX RÉGULIERS ; TOUR DE L'ABBAYE ; PRINCIPALES TRANSFORMATIONS INTÉRIEURES DE L'ÉGLISE ABBATIALE : CHŒUR ET MAITRE-AUTEL, JUBÉ, ETC.

L'aspect général du bourg de Saint-Antoine à la fin du XVIe siècle devait être sensiblement différent de ce qu'il est aujourd'hui.

C'était bien déjà, sans doute, le même groupement serré d'habitations presque sans ordre, pittoresquement percé de ruelles tortueuses, et s'étageant par degré sur le flanc sud de la colline, au sommet de laquelle apparaissait alors intacte l'antique abbatiale avec les bâtiments claustraux ; mais le temps, les révolutions et surtout plusieurs restaurations n'ont pas été sans faire sentir ici leur influence et sans modifier, parfois profondément, l'état des lieux.

A vrai dire, même, beaucoup des constructions actuelles les plus en vue (nous voulons dire une grande partie des constructions qui se trouvent dans l'ancienne clôture de l'abbaye) ne remontent qu'aux XVIIe et XVIIIe siècles et ne laissent guère apercevoir que des traces informes des bâtiments antérieurs qu'elles ont remplacés.

Cette circonstance, jointe à l'absence de tout document topographique ancien, rend très difficile la reconstitution complète des lieux tels qu'ils étaient autrefois, et nous ne saurions avoir ici d'autre ambition que d'en donner une esquisse d'ensemble, suffisante toutefois pour l'intelligence de ce que nous avons à dire de l'histoire de Saint-Antoine au XVIe siècle.

Ainsi qu'un grand nombre d'autres petites villes du Dauphiné, Saint-Antoine avait conservé ses vieux remparts de fortification. Primitivement et jusqu'à la fin du XIIIe siècle, c'est-à-dire tant que le bourg ou plutôt le village de la Motte-Saint-Didier avait été de la mouvance directe des seigneurs de l'Albenc, le castel de la Motte, établi sur une étroite langue de terre escarpée (1), en fut l'unique défense. Mais à partir de 1292, après que le grand maître des Antonins, Aymon de Montagny, devenu presque aussitôt après abbé de Saint-Antoine, eut été rendu possesseur du château et du même coup suzerain temporel du bourg (2), la résidence abbatiale placée près de l'église, sur la colline en face, devint en réalité le véritable château et l'ancien fut peu à peu délaissé (3).

---

(1) Taillé à pic de trois côtés et fièrement dressé au confluent de deux cours d'eau, le Furan et le Lyotan, son emplacement est devenu le cimetière actuel. Le pré voisin arrosé par le Lyotan est toujours désigné dans les actes anciens et notamment dans les minutes des notaires de Saint-Antoine sous le nom de *Combe du Château.*

(2) Cf. A. Falco, *Antonianæ historiæ compendium,* f° lxix, verso, et lxxii, verso. Dans ce dernier passage, Falco donne en ces termes la date de 1292 : *Dominice incarnationis anno millesimo nonagesimo secundo :* « l'an de l'Incarnation du Seigneur, 1292 ; » croirait-on que le P. Dassy (*L'abbaye de Saint-Antoine, etc.*, p. 107) a pu traduire la formule pourtant si usitée de ce passage par : *le dimanche de l'Incarnation, 25 mars, etc. !* En réalité, l'acte d'acquisition, avec « investiture faite par le prince dauphin aud[t] Aymon par la tradition d'un baston qu'il avait en main, » n'est que du 19 novembre de cette année. (Cf. *Inventaire de St-Antoine*, par le P. Nicolas Hussenot, archiviste de l'Ordre ; ms. aux arch. de l'Isère, n° 6.)

(3) Si on le retrouve encore mentionné de temps en temps dans les Mémoires, ce n'est plus que comme simple lieu de fermage, par exemple : « Arrentement passé (8 février 1618) par le s[r] abbé à Louis Iserable, boulanger, du château de St-Antoine... pour le prix et somme de 9 livres par an, sera tenu ledit Iserable d'entretenir les couverts bas dudit château... à l'exception de la tour » : *Inventaire*, Hussenot, n° 802). Enfin, au XVIIe siècle, il n'est plus qu'un amas de ruines et

Une muraille d'enceinte fut alors établie à distance pour défendre les abords et protéger à la fois le bourg et l'abbaye (1). Construit au commencement du XIVe siècle, ce mur de défense ne fermait l'enceinte que du côté qui n'était pas couvert par l'abbaye, et décrivait ainsi, au bas du bourg seulement, une courbe irrégulière et brisée, sur une longueur de 180 toises environ (2).

Au pied d'une partie de ces remparts au nord-est et proche les escarpements du château, une agglomération formant faubourg avait été entourée elle aussi d'une enceinte assez forte pour la mettre à l'abri d'un coup de main. Une seule porte, la *porte neuve* à l'extrémité de la *grand'rue,* ouvrait de l'extérieur dans ce faubourg ; deux autres le faisaient communiquer avec le bourg proprement dit : c'étaient la *porte guerse,* dont on aperçoit encore des vestiges non loin de la *place du Tripot,* et la *porte du Martel* qui s'arc-boutait contre la terrasse de l'église, appelée le *gros mur,* avec lequel elle reliait ainsi l'enceinte principale du bourg. Les restes toujours imposants de cette porte avec trace de machicoulis en encorbellement sont connus aujourd'hui sous le nom de *porte de Lyon.*

Quant au *gros mur* tel que nous l'admirons encore actuellement, avec la masse de ses robustes contreforts et ses puissantes assises, il ne fut construit, ou plutôt restauré

---

ses matériaux sont alors utilisés pour « réédifier, raccommoder et rebâtir le grand ancien réfectoire et y faire des chambres au-dessus. » (*Ibid.*, Id., n° 827.)

(1) Cf. pour tous ce qui regarde les détails qui vont suivre sur la topographie ancienne du bourg : Pl. I. Plan de Saint-Antoine.

(2) Ce travail fut exécuté à la suite d'une convention entre le châtelain de St-Antoine et le seigneur abbé, passée le 15 juillet 1324 : on devait construire 63 toises de murailles par année, et cela durant trois ans (Cf. *Inventaire*, Hussenot, n° 22). A cet effet, le châtelain était autorisé « de la volonté et du consentement des habitants » à lever des impôts sur le blé, les farines, le pain, le sel et les marchandises (Cf. Advielle, *Histoire de l'Ordre hospitalier de St-Antoine, etc.*, p. 31).

de fond en comble, qu'un siècle environ après la première enceinte du bourg, de 1405 à 1411 (1).

Les autres portes qui donnaient directement accès de l'extérieur dans le bourg étaient la *porte de Romans* qui commandait la *rue basse*, et la *porte de Chatte*, la plus célèbre de toutes, surmontée d'un logement pour corps de garde et défendant l'entrée du bourg du côté de Saint-Marcellin.

Une troisième et dernière enceinte restait encore à franchir pour pénétrer dans l'abbaye assise au sommet du plateau ; elle comprenait, outre les bâtiments réguliers, plusieurs dépendances du monastère : écuries, celliers, etc., le tout désigné alors sous la dénomination commune de *cloistre*. Cette enceinte était fermée comme aujourd'hui, du côté du bourg, par la ligne des constructions de la *grand'rue* et ne s'ouvrait à ses extrémités que par deux portes : la *porte* dite de *l'hôpital*, parce qu'elle était contiguë aux bâtiments du *grand hôpital*, près de la *place de la Crotte*, et la *porte du gros mur*, comme aujourd'hui, au sommet des degrés monumentaux qui aboutissent à la façade de la grande église (1).

---

(1) La dépense en fut fournie par les offrandes spontanées de toutes les commanderies de l'Ordre (Cf. Falco, *Op. cit.*, f° lxxxviii, verso) : « *et hic est murus, qui vulgariter grossus appellatur, immense quidem molis, admirandeque structure opus* » (Falco, *Op. cit.*, fol. lxxxviii, verso.)

(2) Nous pouvons placer ici, comme ayant trait à la topographie ancienne de St-Antoine et aux endroits que nous venons de nommer, ce fait curieux d'un sanglier entré par hasard dans le bourg le 27 décembre 1597 et dont Piémont (*Mémoires*, p. 437) rapporte ainsi l'itinéraire : « Le jour de la feste de St Jean... en plain midy, entra un jeune sanglier par la porte neufve de lad. ville, passa oultre par la grande rüe, entra dans le cloistre par la porte du gros mur, traversa tout le cloistre, fust dans le cimetière Nostre-Dame, de là sort par la porte de l'hospital, s'en va sortir par la porte de Chaste et fust suivy par trois ou quatre de la ville qui l'attrapèrent vers les granges du prieuré au chemin de Vinay, et ly donnèrent un coup d'arquebuse et le tuèrent enfin à coup de pierres. »

Nous disons la *grande église*, à la suite d'Aymar Falco et des anciens auteurs, pour désigner l'abbatiale, car outre cette église de beaucoup la plus vaste, en effet, l'abbaye en possédait une autre plus modeste dans ses proportions, sinon moins remarquable par sa structure et par les souvenirs qui s'y rattachaient. C'était la vieille église Notre-Dame, bâtie en 1208 par Falques, cinquième grand maître des religieux hospitaliers antonins, pour servir de chapelle à sa communauté et rendre ainsi ses *frères* moins dépendants des bénédictins maîtres de la grande église.

La chapelle ou église Notre-Dame n'avait eu primitivement que dix toises de long sur six de large ; sa hauteur était également très réduite, elle n'avait pas de clocher et sa cloche unique avait dû être suspendue à la hauteur du toit (1). C'était les bénédictins qui, pour affirmer leur droit, avaient eux-mêmes dicté et imposé ces conditions humiliantes ; mais quelques années après (vers 1235), sous le grand maître Falques II, dit Mathion, les antonins obtinrent un privilège spécial de l'archevêque de Vienne pour agrandir et orner leur église (2).

Au temps d'Aymar Falco (1533), c'est-à-dire presque à l'époque qui nous occupe, l'église Notre-Dame était composée de deux parties bâties à des époques différentes : la partie antérieure, qui seule subsistait de l'ancienne construction, était aussi, d'après Falco, la moins remarquable ; le chevet, au contraire, enclavé dans les bâtiments de l'abbaye (*superior seu interior pars*) était moins ancien,

---

(1) « ... que (ecclesia) tamen decem tesas longitudinis et sex latitudinis minime excederet : altitudo vero illius esset moderata, nec plus ibidem una campana esset, eaque mediocris, que nequaquam pendeet altior tecto » (A. Falco, *Op. cit.*, f° lix).

(2) Id., *ibid.*, f° lix, verso. Falques Mathion fut enterré « près de la porte septentrionale de l'église » Notre-Dame, et l'on voyait encore sur son tombeau, au XVIe siècle, l'épitaphe en vers léonins qui retraçait ses louanges (Cf. A. Falco, *Op. cit.*, f° lxiii, et Dassy, *L'abbaye, etc.*, p. 89).

mais aussi de forme plus élégante (1). L'ensemble de cette église, toujours suivant le même auteur, était du plus heureux effet, et se distinguait surtout, dit-il, par l'admirable travail de ses fenêtres et de ses vitraux (2).

Ce monument vénérable et curieux aurait certainement encore de nos jours des admirateurs, s'il avait pu échapper à la violence des révolutions ; mais, à la suite des guerres du XVIe siècle il a si complètement disparu, qu'il est même assez difficile aujourd'hui d'en déterminer l'emplacement certain (3). Nous savons seulement qu'il avait été construit près de l'ancienne *maison de l'aumône* (4) ; or, cette maison, lieu de la résidence primitive des antonins, qu'il ne faut pas confondre avec l'*hôpital des pauvres* (5) et qui n'existait déjà plus au temps d'Aymar Falco que nous citons, « était située au nord, contiguë aux vignes, à l'endroit où l'on voit maintenant, dit toujours Falco, les greniers, le pressoir, le lieu d'assemblée et la bibliothè-

---

(1) « Anterior... illius pars. . obscurior atque vetustior apparet;... altera portio que superior seu interior est formaque elegantori cernitur, posterioris est etatis (A. Falco, *Ant. hist. comp.*, f° lix).

(2) « Elegantissima est minor ecclesia, tota perlucidis apertionibus seu fenestris mira arte fabricata » (Id., *ibid.*, f° cxvi).

(3) Ses derniers restes furent démolis en 1658 sous l'abbé Jean de Rasse. Cette démolition ne fut pas sans exciter les réclamations de l'archevêque de Vienne, qui se plaignait qu'on eût ainsi privé les habitants de leur église paroissiale. Pour l'apaiser, l'abbé de Rasse entreprit la construction d'une nouvelle église « près la porte de Romans sur les remparts de la ville. Mais avant l'achèvement de cette église, la difficulté pendante ayant été réglée et l'office paroissial continuant à se faire dans la chapelle St-Didier de la grande église, la nouvelle église ne fut pas consacrée. En 1708, elle fut albergée à M. Etienne Jubier, qui y fit construire une fabrique de moulinage de soie... » (*Inventaire*, Hussenot, n° 1056).

(4) « Juxta eleemosynarie seu hospitalitatis domum sita » (Falco, *Op. cit.*, f° lix).

(5) « Animadverti domum eleemosynarie appellari illam in qua fratres residebant, non autem eam in qua erant pauperes constituti » (Id., *ibid.*, f° liii).

que » (1). Des notes manuscrites, rédigées au commencement de ce siècle, mais très probablement d'après des documents ou du moins des souvenirs anciens, par M. Bouvarel, de St-Antoine, ajoutent que « l'on voit encore aujourd'hui (1832) des restes et des murs de cette maison, qui servent de clôture au grand jardin potager du côté de Versailles et à l'ancien cimetière » (2).

Le rapprochement, mentionné par Falco, de l'église Notre-Dame et de la bibliothèque, nous explique pourquoi, lors des ravages de 1567, nous verrons les huguenots brûler une grande partie des papiers de l'abbaye « en un feu qui fust fait à ceste fin », au devant de l'église Notre-Dame (3). Un cimetière spécial, dit de Notre-Dame, avoisinait cette église, et a même subsisté jusque dans les premières années de ce siècle.

Non loin de là étaient les bâtiments composant le *grand hôpital* des démembrés, qui remontait à l'origine des antonins, puisqu'il fut construit par Etienne, deuxième grand maître de l'ordre (4). La chapelle de cet hôpital était dédiée à sainte Catherine, à cause d'une dent de cette sainte qu'on y conservait ; l'autel principal en avait été consacré en 1247, par Jean de Bernin, archevêque de Vienne (5).

---

(1) Erat autem domus residentie fratrum prope ecclesiam beate Marie, que de eleemosyna dicebatur, a septentrionali parte sita, vineisque contigua, in qua nunc horrea, torcular, locus concilii et bibliotheca conspiciuntur (Id., *ibid.*).

(2) D'après une copie de ces *notes*, communiquée par M. Cusset, curé de Vernioz, ces débris de murs sont encore aujourd'hui (1897) parfaitement visibles avec des traces de portes et de fenêtre à l'extérieur ; mais à vrai dire, nous croyons qu'ils se rapportent moins à l'ancienne maison de l'Aumône qu'aux bâtiments, greniers, pressoirs, etc., qui furent dans la suite construits sur son emplacement.

(3) Cf. le *procès-verbal* cité plus loin, chap. III.

(4) « *In appendice veteris martyrologii*, dit Aymar Falco, *nonnullisque aliis scriptis legimus hospitale majus a Stephano sacerdote fuisse exedificatum* » (*Ant. hist. comp.*, f° lxxxi, verso).

(5) Id., *ibid.*, f° lxii.

En raison de son importance et du nombre de malades qu'on y avait autrefois soignés, le grand hôpital de Saint-Antoine devait occuper un espace de terrain relativement considérable. D'après les notes précédemment citées de M. Frédéric Bouvarel, il égalait à peu près en grandeur le réfectoire monumental de l'abbaye et était situé « vis-à-vis ce bâtiment, par le milieu du grand jardin potager ». A plusieurs reprises dans le cours des siècles il avait dû être restauré et même augmenté d'annexes, par exemple, en 1336, où frère Aymon Birrod, commandeur d'Auvergne, procura la construction d'un corps de bâtiment, dit *hôpital nouveau*, joignant l'ancien, dont il n'était par conséquent qu'une dépendance (1).

Peu à peu, au fur et à mesure de la cessation du *feu sacré*, et surtout à la suite du malheur des guerres, ce grand bâtiment de l'hôpital fut comme abandonné ; à la fin même il n'était plus qu'une ruine : une partie s'écroula en 1655, et le reste fut démoli les années suivantes (2).

Outre ces deux hôpitaux principaux, le bourg de Saint-Antoine possédait encore ou acquit dans la suite d'autres maisons d'hospitalité. Il y avait l'hôpital dit des *infects*, avec un cimetière particulier, non loin de la *porte de Chatte* (3). De plus, jusque dans les premières années du

(1) « Circa annum millesimum trecentesimum trigesimum sextum, extructum fuit hospitale novum, quod majori hospitali coheret, una cum sacello ejusdem seu capella. Est id opus fratris Aymonis Birodi preceptoris Arvernie, ut quedam inscripta indicare videntur » (A. Falco, *Ant. hist. compendium*, f° lxxxi, verso).

(2) Notes ms. de M. Bouvarel.

(3) Cf. *Inventaire*, Hussenot, n° 825. Le cimetière des *infects* servait en 1661 pour la sépulture des protestants (*Ibid.*, Id., n° 930). Il ne faut pas confondre cet *hôpital des infects* situé près de la *porte de Chatte* avec un autre hôpital que la communauté fut obligée de construire en 1709 à cause de la réapparition du feu Saint-Antoine. Ce dernier bâtiment, mentionné dans des *Mémoires* de 1725 (cités par Advielle, *Histoire de l'Ordre, etc.*, p. 221), serait plutôt celui qui est marqué dans un ancien plan cadastral de la fin du siècle dernier, à gauche en descendant le chemin des Buttes.

XVIIIe siècle nous trouvons mentionnés « un hôpital exprès pour les pèlerins pauvres de Rome et de St-Jacques, où ils était nourris pendant trois jours avec la mesme portion que les chanoines de l'abbaye » (1) ; puis un « hôpital de la communauté séculière » c'est-à-dire municipal, et auquel l'abbaye devait subvenir à cause de l'insuffisance de ses revenus (2).

Toutes ces différentes constructions disparurent ou du moins furent complètement transformées au XVIIe siècle, quand l'abbé Jean de Rasse entreprit de remettre à neuf son abbaye, et c'est à cette époque qu'il faut faire remonter plusieurs des constructions actuelles, par exemple, les bâtiments dits de la Procure avec le « Pavillon sur la grande porte de l'abbaye » (la mairie actuelle), l'aile du bâtiment qui réunit cette porte à la sacristie de la grande église, les écuries, etc., dont les *prix faits* sont tous indiqués dans l'*Inventaire* Hussenot avec les dates de 1657 et 1658 (3).

Les lieux réguliers proprement dits étaient encore au XVIe siècle groupés sur le flanc nord et derrière le chevet de l'église abbatiale. On y remarquait surtout le magnifique réfectoire, construit vers 1470, par le cardinal de Saluces sous l'abbé Ponce Mitte (4) et qui subsista jusqu'à la fin du XVIIIe siècle. Le P. Fornier, dans son histoire manuscrite sur l'*Origine, le progrès et l'estat actuel de l'Ordre de Saint-Antoine* (5), nous en a conservé une des-

---

(1) *Mémoires de 1725*, cités par ADVIELLE, *Op. cit.*, p. 222.

(2) ID., *ibid.*

(3) *Inventaire*, HUSSENOT, n°s 1203 et 1204.

(4) FALCO, *Ant. hist. comp.*, f[o] lxxxv. L'abbé Ponce ayant fait graver ses armes sur ladite construction, le cardinal qui en avait fourni la dépense trouva la chose mauvaise « asserunt... egre tulisse, » dit Falco, *loc. cit.* On voit encore des traces d'armes prélatices gravées sur une énorme pierre encastrée dans la construction ; mais on y distingue seulement les contours de l'écu surmonté de la crosse et de la mitre à peine visible.

(5) Ms. R. 6028 de la Biblioth. de Grenoble.

cription non moins détaillée qu'enthousiaste : « Le réfecfectoire de l'abbaye, dit-il (pp. 224 et suiv.), est le plus beau qu'on voy par sa grandeur, largeur et hauteur proportionnées. Il est sans pilliers, quoiqu'il soutienne un grand corps de logis de trois ordres de fenestrages où sont deux doubles dortoirs. Le tout basti à grands carrodages de pierres de taille. La rose qui est dans le réfectoire y communique un jour très agréable, il est clair et un poële naturel en hiver, nonobstant six grands vitraux gothiques dont il reçoit le jour du côté du levant. Il peut contenir deux cents religieux sans embarras ny confusion. »

Cette immense salle de 111 pieds de long, sur 34 de large, avec sa voûte « en mastic ou glassis, » chaux et gravier, d'une seule portée, ses grandes baies ogivales, toutes disposées du même côté, et surtout sa magnifique rosace flamboyante, était bien à juste titre rangée par Aymar Falco, parmi les constructions les plus remarquables de l'abbaye (1). Aussi regrettons-nous amèrement qu'une œuvre de cette importance ait été sacrifiée dans le seul but d'en faire des logements séparés, et qu'après avoir échappé à la fureur des huguenots cette œuvre d'art soit ensuite tombée sous le marteau de démolisseurs aux ordres d'un chapitre religieux (2).

Les deux étages de dortoir sur le réfectoire, dont nous a parlé le P. Fornier dans sa description, n'existaient pas encore au XVIe siècle et ne furent construits qu'au siècle suivant (3). Il en est de même de la longue galerie voûtée, dont on aperçoit des vestiges sur toute la face occidentale de l'ancien réfectoire, et dont la fonction était entre au-

---

(1) Spectatu quoque dignissimus est refectorii communis edificii, egregie profecto structure opus (*Ant. hist. comp.*, fol. cxvi).

(2) Les chanoinesses de Malte, qui confièrent le travail de cette transformation à l'architecte Hotelard.

(3) De 1635 à 1638 (Cf. Fornier, *Op. cit.*).

tres de contre-bouter la poussée des voûtes et des étages supérieurs sur ce côté du réfectoire dépourvu d'arcs-boutants. Ce travail, en effet, ne remontait qu'à l'année 1641 (1) ; mais bien certainement il ne faisait que remplacer une construction analogue, formant en cet endroit une des ailes du cloître intérieur. Le cloître devait être aussi complété par deux autres ailes de galerie, en retour d'équerre, et encadrant le préau avec sa fontaine traditionnelle ; la fontaine subsistait encore au siècle dernier, et les restes d'arceaux gothiques que l'on voit contre la muraille voisine, se rapportent vraisemblablement aux constructions de l'ancien cloître.

Les salles de réunion pour les chapitres généraux, le noviciat, les appartements de l'abbé, étaient dans un grand corps de bâtiments, qui, alors comme aujourd'hui, (2) formait avec le bâtiment du réfectoire un angle droit en se dirigeant vers l'église. Cette partie du monastère, la plus éloignée des remparts du bourg et formant elle-même rempart de ce côté, possédait un ouvrage important de fortification, dernier refuge en cas d'alerte ou de surprise,

---

(1) Le *prix fait* de ce travail est indiqué dans l'*Inventaire* Hussenot, n° 884, à la date du 20 janvier 1641, et devait être terminé « entre cy et la St Jean-Baptiste prochaine. Or, dans un si court espace de temps, maistre Thevenin Buisson de St-Antoine devait faire construire en pierre de tailles une muraille ayant trois toises, c'est-à-dire près de six mètres de hauteur, sept pieds d'épaisseur et vingt toises de longueur, sans compter la couverture voûtée, pavée et recouverte d'un entablement de pierres cimentées (Cf. Hussenot, *loc. cit.*). Il faut avouer que les anciens ouvriers maçons de St-Antoine avaient le travail rapide.

(2) Les bâtiments actuels de cette aile furent reconstruits au XVIIIe siècle à la suite d'un incendie ; on voit encore en plusieurs endroits, gravée sur le parement de la pierre, la date de 1723. L'architecte de ces réparations de l'abbaye fut un frère convers, nommé F. André Fanjas, qui avait déjà « conduit la bâtisse » de la maison des Antonins de St-Marcellin (Cf. *Recueil des principaux actes et délibérations du chapitre canonial depuis 1688 jusqu'à 1732*. Art. Bâtiments. Ms. aux arch. de l'Isère).

et que nous verrons utilisé plusieurs fois durant la période des guerres de religion. C'était une énorme construction en forme de tour carrée, dominant toute l'abbaye au nord, et qui renfermait dans ses étages inférieurs les prisons et autres dépendances. La salle servant de prison était solidement voûtée et bétonnée, avec une seule fenêtre au midi (1) ; dans la suite, cette pièce, éclairée par de nouvelles fenêtres à l'orient et au nord, fut transformée en dépôt d'archives ; elle sert actuellement de chapelle privée et conserve toujours son ancienne porte en fer forgé.

Parmi les transformations subies par l'église abbatiale à partir du XVI° siècle, il nous suffira de mentionner celles qui se rapportent à son aménagement intérieur et en particulier la disposition nouvelle, donnée dans les premières années du XVII° siècle, au sanctuaire et au chœur.

Avant cette époque, le chœur de l'église de Saint-Antoine, selon toutes les traditions liturgiques constamment en usage jusqu'alors, était en avant du maître-autel, et cet autel se trouvait plus reculé dans l'abside, au-delà du transept (2), en laissant toutefois un espace suffisant pour

(1) On pouvait voir jusque dans ces dernières années, dans l'embrasure de la fenêtre aujourd'hui murée, des *graffiti* tracés à la pointe et où les prisonniers avaient traduit leurs espérances et leur sentiment du moment, par exemple : « post tenebras lucem, » etc.

(2) On a souvent répété (cela même a parfois été écrit) que l'emplacement du maître-autel actuel marquait l'endroit précis où Guigues Didier avait autrefois fait construire un édicule ou oratoire, afin d'y déposer les reliques de saint Antoine, « au centre de la grande église », dit le P. Dassy (*Op. cit.*, pp. 22, 42), « à l'endroit où se trouve aujourd'hui le maître-autel », dit M. Vital Berthin (dans la *Revue de Vienne*, t. II, p. 301). Et l'on conclut que, de toute ancienneté, l'autel majeur de saint Antoine a été dans l'endroit où il se trouve encore et que c'est là un souvenir à conserver pieusement. Mais cette opinion, avec sa conséquence, ne repose que sur une fausse interprétation d'un passage d'Aymar Falco qui, parlant de l'oratoire bâti par Guigues Didier pendant les travaux de construction de la nouvelle église, dit

un second autel, *altare de retro,* au fond de l'abside même (1). Toute cette disposition normale et seule favorable au déploiement des pompes religieuses fut sacrifiée à la suite d'un décret du chapitre général de 1623 (2). Les capitulants ne faisaient en cela qu'obéir à une coutume nouvelle qui commençait alors à prévaloir partout dans les églises monastiques, mais ils éprouvèrent le besoin de colorer cette mesure sous un autre prétexte, et ils décla-

---

qu'il fut élevé sur l'emplacement du maître-autel, *ad primarii altaris sedem.* Or, que l'annaliste antonin du XVIe siècle parle ici de l'autel de son temps ou de l'autel plus ancien de l'église en construction au XIIe siècle, et dont l'oratoire de Didier devait provisoirement tenir la place, il ne faut, dans aucun de ces cas, voir une preuve quelconque de l'hypothèse mentionnée plus haut. Au temps d'Aymar Falco, en effet (1533), le maître-autel de saint Antoine était encore derrière le chœur, et, à plus forte raison, au XIIe siècle, il ne saurait être question d'un autre emplacement du maître-autel ailleurs que dans le rond-point même de l'abside, ou du moins légèrement avancé vers le transept.

D'ailleurs, à défaut de la preuve formelle fournie par le décret de 1623, qui nous apprend que la transposition du sanctuaire et du chœur ne fut opérée qu'au XVIIe siècle, plusieurs faits de l'histoire de l'abbaye témoigneraient assez dans le même sens de l'ancienne disposition du maître-autel.

En 1200, l'oratoire provisoire de Didier avait été déjà remplacé par un autel ; or, la châsse de saint Antoine qu'on y conservait était si peu « au centre de l'église, » que saint Hugues, évêque de Lincoln, qui vint la vénérer en cette année-là, constatait son existence « au-dessus de l'autel et reposant sur une *trabes,* adhérente à la muraille » (*Magna Vita S. Hug. Lincoln,* lib. IV, cap. XIII, — p. 310 de l'édition Dimock; London, 1864.

Beaucoup plus tard, à la date de 1584, nous lisons, dans les *Mémoires d'Eustache Piémont* (p. 150), que, dans une procession solennelle des fêtes de l'Ascension, les hommes armés qui escortaient la châsse traversèrent l'église et allèrent de la chapelle des Quatre-Docteurs à celle de la Sainte-Trinité, et de là dans la grande cour de l'abbaye, en passant « par-devant le grand hostel » ; d'où l'on doit conclure que l'autel majeur, à cette époque, était bien encore en arrière du transept.

(1) C'était l'ancien autel construit par le roi Charles V (Cf. Falco, *Op. cit*, f° lxxxiii, verso) et dont on peut voir encore les restes du retable d'albâtre au défaut des boiseries actuelles.

(2) *Minutes des notaires de Saint-Antoine,* année 1623, f° 74.

rèrent dans le décret que c'était afin que les divins offices se fissent à l'avenir avec plus de décence et de piété (1).

Les quatre-vingt-dix-sept stalles hautes et basses du nouveau chœur furent commandées peu après, en 1630, au « maître menuisier François Hanard, dit Jamet, » de Lyon, pour le prix convenu de 1,900 livres (2). Quant au maître-autel actuel, du sculpteur lyonnais Jacques Mimerel, il ne fut placé que dans la deuxième moitié du siècle, en 1667.

Enfin, puisque dans la recherche de l'ancienne physionomie intérieure de notre église, nous en sommes maintenant à procéder par voie d'élimination, c'est-à-dire en désignant, pour en faire abstraction, les parties certainement postérieures aux guerres de religion, signalons encore l'énorme tribune que l'abbé Jean de Rasse (1645-1673) fit construire contiguë à la façade, comme pour remplacer l'antique jubé qui auparavant avoisinait et dominait le chœur.

Ce jubé, qui nous est donné par Falco (3) comme une des œuvres d'art de l'abbatiale, remontait au XIVe siècle et avait été construit par les soins d'un religieux de l'abbaye, Aymeric Sigaud, devenu évêque de Mondovi, et qui choisit sa sépulture au-dessous de *la turbine* (4). C'est ainsi que l'on désignait communément le jubé à Saint-Antoine et nous le verrons subsister encore sous ce nom en 1597, lors de l'élection de l'abbé Tholosain. Pourquoi

---

(1) « Proposuerunt preterea Domini definitores decentius et magis pie horas canonicas retro altare majus decantari, super qua re decretum est chorum retro altare majus construendum esse » *(Ibid.)*.

(2) Cf. *Inventaire* Hussenot, ms. n° 1197. Notons que ce *prix fait* mentionne 112 stalles au lieu des 97 que l'on voit actuellement.

(3) *Ant. hist. compend.*, f° cxvi.

(4) Id., *ibid.*, f° xcv, verso. Au-dessus de cette *turbine*, on voyait la « chapelle » ou autel de Ste-Croix (*Inventaire* Hussenot, ms. n° 30), et au-dessous, sur l'un des côtés, l'autel de l'Annonciation, « qui est subtus turbinem » (*Minutes des notaires de St-Antoine*, année 1632).

faut-il qu'un monument d'architecture aussi intéressant, puisqu'il était contemporain des plus belles parties de notre église, après avoir échappé aux fureurs des hérétiques, n'ait pas trouvé grâce devant les restaurateurs du siècle suivant ?

Nous arrêterons là ces notions sommaires sur l'ancienne topographie de Saint-Antoine, non toutefois sans émettre le vœu qu'une inspection des lieux mieux entendue, plus documentée si possible, corroborée au besoin par le résultat de fouilles judicieusement conduites, permette un jour d'en donner une étude d'ensemble plus complète.

CHAPITRE II (1562)

COMMENCEMENT DES GUERRES RELIGIEUSES ; SOMMAIRE DES OPÉRATIONS DU BARON DES ADRETS ; PREMIERS RAVAGES DES HUGUENOTS A SAINT-ANTOINE PAR LES DÉLÉGUÉS DU BARON ; PIERRE DE FRIZE CONTINUE LES DÉVASTATIONS ; DESTRUCTION DE LA CHASSE DE SAINT ANTOINE ; MUTILATIONS DE L'ÉGLISE ABBATIALE ; APOSTASIE DE QUELQUES RELIGIEUX ANTONINS, DISPERSION DES AUTRES.

L'échauffourée de Vassy (1er mars 1562) venait à peine d'être, pour les protestants de France, le signal de leur révolte armée, que déjà le baron des Adrets, leur chef en Dauphiné, s'apprêtait à commencer la guerre ouverte dans notre province.

On sait avec quel fanatisme, quelle cruauté et quelle promptitude de mouvements, le terrible baron conduisit les opérations de cette guerre, les ruines et les dévastations qui marquèrent partout, le passage de ses bandes de soldats. De Valence, où il se précipite d'abord (25 avril), il remonte aussitôt la vallée du Rhône jusqu'à Lyon. Les jours qui suivent le voient presque simultanément à Grenoble (9 mai), à Vienne (15 mai), de nouveau à Lyon, puis à Grenoble (4 juin), et c'est de cette ville qu'il s'élance, trois jours après, avec la rapidité de la foudre (1), pour venger, sur Pierrelatte et Bollène, le massacre de la garnison d'Orange (2).

Mais bientôt (18 ou 19 juin), la nouvelle que Grenoble est retombée au pouvoir des catholiques, fait revenir précipitamment des Adrets vers cette ville. Il ne fait que traverser Valence le 23, pour aller coucher à Romans le même jour. Le lendemain, à midi, il était devant Saint-Marcellin et se mettait aussitôt à en faire le siège.

Le lieutenant-gouverneur, Maugiron, arrivé depuis peu dans la ville avec une poignée de soldats, prit alors une résolution qu'on aurait peine à excuser de faiblesse : pendant la nuit qui suivit, il « fit secrètement trousser ses bagages » et se retira, promettant seulement de revenir bientôt secourir la petite garnison. Ainsi abandonnés de leur chef, les soldats, aidés des habitants, n'en opposèrent pas moins une résistance énergique et ne furent forcés par l'armée, vingt fois supérieure en nombre, du baron des Adrets, que le lendemain soir qui était un jeudi. Le vainqueur, en pénétrant dans la ville, y renouvela toutes les horreurs dont il était coutumier ; mais il n'y séjourna qu'une nuit ;

(1) Parti de Grenoble le 6, il était le lendemain à Montélimar. Cette rapidité d'allure avec laquelle il savait transporter son armée, dite par enthousiasme, *armée de Jhésus*, fut pour beaucoup dans les succès du baron des Adrets. On le croyait loin encore, qu'il tombait tout à coup à l'improviste sur ses ennemis. De là, des terreurs et des paniques que son nom seul ou le seul bruit de son approche suffit plusieurs fois à inspirer. Cf. Brisard, *Histoire du baron des Adrets* (nouvelle édition ; Valence, Céas, 1890), p. 49, note. V. aussi pp. 25, 32, etc.

(2) Orange comptait alors près de 15,000 habitants. Les catholiques, commandés par les comtes de Sommerives et de Suze, et par l'italien Fabrice Serbelloni y brûlèrent, au commencement de juin, trois cents maisons, égorgèrent toute la garnison et un grand nombre d'habitants.

le vendredi 26 juin, il reprenait sa course vers Grenoble et usait d'une diligence telle qu'il pouvait entrer dans cette ville le jour même, entre 4 et 5 heures de l'après-midi.

Tous les auteurs qui ont parlé de Saint-Antoine, sont unanimes, et avec raison, pour placer dans le cours de cette campagne de 1562, le premier pillage de l'abbaye ; le seul point discutable serait peut-être celui du moment précis, où fut accompli ce pillage.

Le P. Dassy (1), et plusieurs auteurs qui l'ont imprudemment copié, racontent que le baron des Adrets est venu en personne saccager l'abbaye, et précisant le jour, indiquent la date du 24 juin, c'est-à-dire au moment où les troupes du baron se dirigeaient de Romans vers Saint-Marcellin. Mais est-il vraisemblable qu'en ce jour, veille de combat et d'assaut, des Adrets, que nous avons vu si pressé dans sa marche de retour vers Grenoble, soit venu faire un détour par Saint-Antoine, même avec un simple détachement, et qu'il eût ainsi laissé le gros de son armée se préparer seul à l'attaque du lendemain ?

Quoi qu'il en soit de cette incursion peu probable en elle-même, il est certain que le baron n'avait pas résisté jusqu'à cette date, à la tentation de faire main basse sur les trésors de notre abbaye, et qu'il avait déjà, sans tant tarder, remis à d'autres le soin d'en opérer la saisie en son nom.

Des Adrets, en effet, avait besoin d'argent pour l'entretien de ses troupes ; et préférant, comme il le dit lui-même, « prendre le bien de l'Eglise que fouler la populace » (2),

(1) *L'abbaye de Saint-Antoine, en Dauphiné*, pp. 259-260.

(2) Cf. Collisieux, *Mémoire des désordres des huguenots*, ms. publié par M. Gariel dans le t. IV des *Delphinalia*, p. 105. Ce procédé, habituel aux protestants d'alors, fut également employé parfois par les chefs catholiques eux-mêmes : Guise n'écrivait-il pas à Maugiron le 23 mai 1562 : « de ne pas se faire faulte de l'argenterie des églises s'il en « avait besoin ». *Correspondances historiques*, t. VIII, cité dans l'*Annuaire statistique de Grenoble*, 1842, p. 17, note 2.

il ne se faisait pas faute des trésors qu'il pouvait enlever aux monastères. Souvent même, il mettait quelque forme dans l'accomplissement de ces vols sacrilèges, et se couvrant pour cela de l'autorité du roi (1), il déléguait officiellement un de ses chefs militaires, auquel il remettait ensuite une attestation écrite de ce qu'il en avait reçu (2). C'est ainsi que furent accomplis les pillages de la Grande-Chartreuse, de plusieurs autres églises isolées de la région (3), et nous allons voir que celui de l'abbaye de Saint-Antoine dut être exécuté dans des conditions à peu près analogues.

Dès le 28 avril, le baron des Adrets dépêchait à Romans un de ses officiers, Gabriel Cassard, pour dépouiller les églises de cette ville. Les catholiques firent opposition à l'exécution de cet ordre, et après délibération du Conseil, l'on convint de nommer un magistrat extraordinaire, pour mieux contenir la populace déchaînée. Le choix tomba sur Ennemond Odde, seigneur de Triors ; mais le nouvel élu, déjà huguenot dans l'âme, ne tarda guère à se déclarer ouvertement pour le parti. Le 4 mai, quatre jours seulement après sa nomination, il faisait transporter « dans le comptoir de la maison consulaire » tous les reliquaires des églises, sous le beau prétexte de les soustraire à l'avidité des hérétiques (les gens d'église, disait-il, ayant peu de moyens de les garder) ; en réalité, c'était pour les réserver plus sûrement au baron des Adrets. Celui-ci, en

---

(1) Il ne manquait jamais, à cette époque, de dire dans le protocole de ses lettres et ordonnances qu'il était « esleu prosequteur de la liberté du roy et de la royne sa mere. » Cf. Brisard, *op. cit.*, *Documents historiques*, pp. 128 et suiv.

(2) Id., *ibid.*, p. 140.

(3) Nous citerons les églises de Saint-Geoire, de Chirens et de Massieu, qui furent dépouillées par le capitaine Champe. On peut voir, dans le *Bulletin de l'Académie delphinale* (3e série, t. Ier, 1866, p. 191), la décharge écrite que se fit donner ce capitaine après avoir remis au baron des Adrets les reliquaires de ces paroisses.

effet, par un ordre daté du 9 juin, envoyait bientôt après le sieur André de Morges s'emparer de toutes ces richesses (1).

Or, le même jour, 9 juin, des Adrets faisait adresser un ordre semblable au sieur de Triors, et lui donnait commission d'aller prendre, pour les porter à Romans, « tous les reliquaires et joyaux des églises de Sainct-Antoine et de Sainct-Marcellin » (2). Ces objets précieux, de même que ceux enlevés déjà aux églises de Romans, et d'autres précédemment envoyés de Valence en lingots, devaient être convertis en monnaie (3).

L'ordre donné au sieur de Morges pour les reliquaires de Romans, fut exécuté trois jours après, le 12 juin, ainsi que le témoignent les registres consulaires de la ville. Tout porte donc à croire que la spoliation de l'église de Saint-Antoine suivit également de bien près la commission donnée pour cela, le même jour, au sieur de Triors et que c'était déjà un fait accompli, bien avant la date assignée par la plupart des historiens modernes.

Telles autres circonstances, plus ou moins vraisemblables, au milieu desquelles le P. Dassy se plaît à nous montrer le premier pillage de Saint-Antoine, ne sont malheureusement guère mieux appuyées sur les données authentiques de l'histoire, et nous regrettons de n'en avoir pas trouvé trace ailleurs que dans le récit, un peu trop dramatisé, de cet auteur.

---

(1) Nous empruntons ces détails aux *Mémoires du P. Archange de Clermont,* publiés par M. J. Chevalier, pp. 42, 47. — Ils se trouvent également, quoique plus abrégés, dans les *Annales de la ville de Romans*, pp. 103-104, par le Dr Chevalier.

(2) J. Chevalier, *Mémoires du P. Archange de Clermont,* pp. 55, 56.

(3) Le baron avait envoyé « 231 marcs d'argent en vingt lingots, partie argent blanc, partie argent doré. » La ville s'excusa de ne pouvoir monnoyer cet argent sur ce que « par authorité du roy la maison de la fabrique de la monnoye auoit été fermée, les sièges rompus, les tresseaux brisez, les maillés et autres instrumens diuertis et égarez. » Cité par M. J. Chevalier, *op. et loc. cit.*

La spoliation de l'abbaye de Saint-Antoine fut d'autant plus facile aux délégués de des Adrets, que depuis plus de trois semaines déjà, celui-ci était parfaitement renseigné sur ce qu'il pouvait en attendre. Un des huguenots du bourg, en effet, le sieur Pierre de Frize, lui avait expédié un inventaire détaillé de tous les ornements de la grande église « retirés en la chapelle Saint-Michel, » et où il mentionnait jusqu'au laiton du tabernacle et des chandeliers, sans omettre les terriers trouvés encore dans les archives. Cette expédition nous est indiquée par le P. Hussenot (1) à la date du 14 mai 1562.

Ce Pierre de Frize dont il est ici question, appartenait à une ancienne famille de Saint-Antoine, qui à son premier nom patronymique de Nully avait depuis longtemps ajouté celui de Frize, à cause d'un moulin de ce nom qu'elle tenait en albergement de l'abbaye (2). Les deux principaux représentants de cette famille, en 1562, étaient, Pierre dont nous parlons, avocat au bailliage de Saint-Marcellin, et son frère, François, plus spécialement adonné à la carrière des armes et dont nous aurons plus d'une fois à raconter les méfaits. Tous deux étaient huguenots acharnés, et, dès le commencement de la guerre, s'étaient élevés, avec une sorte de rage contre le bourg, leur patrie, et contre l'abbaye, leur bienfaitrice.

---

(1) *Inventaire*, ms. aux arch. de l'Isère. N° 776.

(2) M. Brun-Durand (*Mémoires d'Eustache Piémont*, Index, p. 557) dit que l'ancêtre de Pierre de Frize, Jean de Nully, fut anobli par Louis XI en 1482; or, nous avons trouvé le même nom de Jean de Nully avec son titre de Frize dans l'original d'un acte antérieur de 18 ans, 1464 (Arch. de l'abbaye de St-Antoine). Dans cet acte « Jean de Nully de Frize de St-Antoine » est qualifié « chirurgien » ; dans un autre acte, également original *(ibid.)* de 1471, « Jean de Nully, dit Frise » est au contraire porté avec la qualification de « barbier. » L'*Inventaire des titres et fondations, etc.*, n° 119, parle de ce même « Jean de Nully, dit Frise », comme ayant fondé à la date du 8 octobre 1470 « un anniversaire pour le repos de son âme et de ses parents, pour lequel il donna deux sest. de froment de pension, etc. »

Pierre de Frize agissait, très probablement, d'après des ordres secrets reçus d'ailleurs ; car, dès le lendemain du jour où il avait expédié à son chef l'inventaire des richesses de l'abbatiale, nous le voyons se déclarer lui-même « gouverneur de la ville de Saint-Antoine » et comme tel, faire aussitôt démolir (15 mai) « la maison de l'infirmerie », c'est-à-dire un des hôpitaux du bourg, affirmant se charger de « tout événement à ce sujet » (1).

On voit par ce détail que, bien avant la date assignée par le P. Dassy, Saint-Antoine avait été le théâtre non seulement de la rapacité, mais de la fureur aveugle des hérétiques. La suite va nous montrer que ces ravages ne furent pas l'œuvre d'un jour, et qu'ils continuèrent, avec des alternatives d'accalmie et d'intensité nouvelle, pendant une douloureuse période de plusieurs mois.

La journée du 20 juin entre toutes, fut marquée par un acte de vandalisme particulièrement regrettable. Ce jour-là, trois habitants huguenots du bourg, des plus considérables, les nommés Clément de Frize, Antoine Vignon et Barthélemy Toussaint (2), pénétrèrent dans l'église, après en avoir forcé les portes, et, armés de gros marteaux, mirent en pièces la grande châsse en argent doré de saint Antoine.

---

(1) Cf. *Inventaire* Hussenot, n° 776. Le P. Dassy (*op. et loc. cit.*), parle bien de cette démolition de « l'un des hospices » par de Frize, et il la place aussi, au lendemain du jour où des Adrets se déclara investi du gouvernement temporel du bourg ; mais au lieu de la date indiquée par l'*Inventaire* autorisé du P. Hussenot, c'est-à-dire aux 14 et 15 mai, il reporte ce double fait jusqu'aux 22 et 23 suivants.

(2) Barthélemy Toussaint avait un frère nommé Pierre, et tous deux étaient chirurgiens ; nous les voyons l'un et l'autre accompagner comme tels, en 1577, l'armée catholique du lieutenant général de Gordes. Pierre Toussaint se noya au passage de la Romanche, en revenant du siège d'Ambel, juillet de cette même année (*Mémoires d'E. Piémont*, p. 52). Barthélemy continua, dans la suite, d'exercer sa profession de chirurgien, et nous le verrons jouer un rôle peu glorieux pour lui, lors de la grande contagion de 1586.

Cette châsse, faite en 1238 par les soins et aux frais de Guillaume, abbé de Montmajour, et de son neveu, Raymond(1), servait de revêtement extérieur à l'antique châsse de cyprès qui renfermait immédiatement les reliques du saint; mais, depuis le commencement des troubles, on avait pris l'heureuse précaution de séparer ces deux châsses : la petite châsse en cyprès, avec ses précieuses reliques, avait été soigneusement cachée (2), et la grande châsse extérieure, demeurée vide, avait pu jusque-là braver la cupidité des hérétiques. Le vibailli catholique de Saint-Marcellin, Joachim d'Arzag, qui veillait à sa conservation, en avait expressément confié la garde aux deux consuls du bourg, Elias Arthaud et Pernet Isérable ; mais que pouvaient ces deux honnêtes et pacifiques citoyens contre les violences armées des partisans huguenots ? Ils ne purent, hélas ! qu'élever des plaintes inutiles et protester en vain contre le vol sacrilège accompli sous leurs yeux (3).

Les satellites du baron des Adrets s'y prirent donc à plusieurs fois pour le pillage d'une si riche abbaye, et ce qu'ils ne purent enlever, dans une première ou une deuxième incursion, n'échappa guère dans la suite à leur rapacité. Ils en vinrent jusqu'à arracher aux deux églises du bourg, leur garniture de fer, et une commission expresse fut donnée pour cela, le 14 juillet, par Pierre de Frize, qualifié maintenant de vibailli de Saint-Marcellin (4).

La tâche odieuse d'exécuter ce dernier raffinement de pillage, fut encore dévolue à deux habitants huguenots du bourg, Lambert Besche et Antoine Vignon ; ils devaient

---

(1) Cf. A. Falco, *Ant. hist. comp.*, f° LXI, verso.

(2) Elle ne fut de nouveau publiquement exposée à la vénération des peuples que dix ans plus tard, le jour de l'Ascension 1572 (*Mém. d'E. Piémont*, p. 321).

(3) Cf. *Inventaire* Hussenot, n° 776.

(4) Sans doute ce poste lui avait été confié par le baron des Adrets, après la prise de la ville.

« déplacer tous lesdits ferrements, (les) peser et (les) vendre ensuite au plus offrant » (1). L'ordre fut ponctuellement exécuté, et le poids des fers ainsi enlevés se trouva monter à « 333 quintaux et 47 livres qui furent vendus à raison de 10 deniers la livre » (2).

Quant à ce qui regarde les richesses en métal précieux qui furent alors soustraites à notre église, un état de son trésor, au milieu du siècle précédent, nous permet de nous en faire une idée au moins approximative. En 1452, en effet, le roi Charles VII ayant demandé « vingt et un sols pour livre pesant sur les biens meubles et joyaux des églises de son royaume..., les joyaux de l'abbaye de Saint-Antoine (furent) trouvez, compris les châsses de saint Antoine et des Trois Martyrs et le rétable du grand autel, peser 467 marcs 4 onces et demi » (3). Or, le marc d'argent étant le plus communément estimé 48 livres 13 sols (4) et la livre, environ 5 fr. 25 c. de notre monnaie (5), on voit ici de quelles richesses considérables purent se rendre maîtres, à Saint-Antoine, les hérétiques pillards du baron des Adrets.

Il ne serait toutefois pas impossible, qu'une partie de ces trésors ait été mise assez tôt en lieu sûr, et nous croirions volontiers que le dépôt considérable des *joyaux* de Saint-Antoine, qui nous sont signalés par le chapitre général de 1625, comme ayant été transportés à Lyon « depuis de longues années, à cause du tumulte des guer-

---

(1) Cf. *Inventaire des titres et papiers plus mémorables de l'Ordre, etc.*, n° 216 (Ms., à la bibliothèque du Grand-Séminaire, Grenoble).

(2) Cette vente eut lieu l'année suivante au mois de février (*Ibid.*).

(3) *Inventaire des titres, etc.*, n° 269. Le P. Dassy, qui rapporte aussi cet acte (p. 260, note), d'après l'*Inventaire des titres*, a lu, nous ne savons comment, le nom de Henri II et la date de 1552, où, en réalité il y a le nom de Charles VII et une date antérieure de cent ans !

(4) Cf. Dr CHEVALIER, *Annales de Romans*, p. 28.

(5) Cf. BRUN-DURAND, *Mémoires d'Achille Gamon*, p. 138, note.

res, » ne remonte à la période tourmentée, dont nous essayons l'histoire (1).

Les divers commissaires, délégués directement ou subdélégués par le baron à Saint-Antoine, ne s'en tinrent malheureusement pas à un simple pillage de l'abbaye, et là, comme à Saint-Barnard de Romans, comme à Vienne et dans la plupart des villes de France, ils se livrèrent sans frein à toutes leurs fureurs de vandales.

Il serait intéressant de pouvoir citer ici pour tous ces différents excès commis chez nous, une relation contemporaine, dans le genre des procès-verbaux authentiques que nous possèdons encore pour un certain nombre de villes (2). De tels documents ont certainement existé autrefois, et nous aimons à conserver l'espoir qu'ils pourront être retrouvés un jour. Mais en leur absence et dès maintenant, les éléments et les preuves ne nous font certes pas défaut, pour constater de quels affreux ravages furent alors le théâtre le bourg, l'église et l'abbaye de Saint-Antoine.

On sait que les dévastateurs huguenots du XVIe siècle exercèrent presque partout leurs méfaits, d'après un système rationnellement calculé, et que, pour atteindre plus facilement leur but de destruction, ils allèrent jusqu'à

---

(1) La garde de ces *joyaux* avait été donnée successivement à un citoyen lyonnais nommé François Vignon, puis à son fils ; il s'agissait maintenant (1625) de leur trouver un nouveau gardien, et le chapitre décrète de les confier au noviciat antonin de Lyon, après que *l'ouvrier* de l'abbaye, Charles Vignon, assisté de Nicolas Pâris, commandeur de Rouen, en auront fait l'inventaire et la description. — Une clause de cet arrangement portait que le noviciat devrait restituer son dépôt, aussitôt qu'il en serait requis (Cf. *Actes du Chapitre général de 1625*, fol. 72, dans les minutes des notaires de Saint-Antoine.)

(2) Par exemple, pour Grenoble : *Mémoire* dressé par Collisieux (dans le IVe *Delphinalia* de M. Gariel, p. 93); pour Vienne : *Procès-verbal des ravages de 1562* (dans Charvet, *Histoire de Vienne*, p. 754 et suiv.) ; pour Lyon : *Discours des premiers troubles advenus à Lyon*, par Gabriel de Saconay, etc. (in-12, Lyon, 1569.)

astreindre leurs violences mêmes à une sorte de régularité méthodique (1). Partout nous les voyons, après s'être assurés, bien entendu, des richesses mobilières, commencer une série de ravages destinés à faire disparaître jusqu'aux derniers vestiges de *l'idolâtrie papistique,* autels, jubés, statues, etc., tout ce qui, dans l'architecture ou la décoration d'un édifice religieux, protestait contre leurs innovations confessionnelles. Les statues, en particulier, étaient de la part de ces modernes iconoclastes, un objet de haine, presque à l'égal des saintes reliques, et ils ne manquèrent jamais l'occasion de s'acharner contre elles avec une brutalité sauvage.

Le grand portail de notre église de Saint-Antoine était, avant cette époque malheureuse, tout vivant de sculptures : des statues nombreuses, la plupart de grandeur naturelle, en peuplaient les embrasures, les pinacles et les tympans, donnant à cette immense page de pierre historiée, sa signification complète, édifiante autant qu'instructive. Or, pas une seule de ces statues, si l'on en excepte pourtant les figurines qui ornent encore les voussures de la porte principale, ne put trouver grâce devant le zèle fanatique des religionnaires, et s'il faut en croire une tradition qui n'a rien d'ailleurs que de très vraisemblable, ils se firent un plaisir malin de les prendre pour but aux balles de leurs mousquets.

Nous avons des raisons de croire que les hérétiques de

---

(1) A Lyon, par exemple, lors de la prise de cette ville par le baron des Adrets, « la destruction des églises, dit un auteur non suspect (MONFALCON, *Histoire de la ville de Lyon*, p. 671), fut exécutée avec une sorte d'ordre, systématiquement, avec la régularité d'une opération militaire, les démolisseurs ne se hâtèrent pas, ils prirent leur temps..., ils tenaient registre de la spoliation des églises et agissaient au nom et au profit de la cause protestante... La fureur de destruction des barbares avait été aveugle et soudaine, bien plus terrible, celle des protestants était raisonnée. »

Saint-Antoine allèrent jusqu'à prendre des mesures pour renverser l'édifice lui-même, ou, du moins, s'efforcèrent de lui faire subir dans son gros œuvre, des mutilations telles que sa ruine, pour être lente, n'en devait être que plus assurée. C'était encore là, on le sait, une de leurs pratiques de destruction : quand une fois ils avaient condamné à mort une église, un édifice quelconque, et que, sans vouloir avoir recours au moyen plus expéditif de l'incendie, ils voulaient cependant s'épargner les efforts, toujours pénibles, d'une démolition en règle, ils se contentaient de priver le monument d'une de ses maîtresses parties, d'enlever sa toiture ou sa charpente, de saper quelques-uns de ses contreforts ou arcs-boutants.

Certaines mutilations graves et dont notre église abbatiale porte encore des traces mal cicatrisées, nous permettent de dire que de telles mesures reçurent chez elle au moins un commencement d'exécution. C'est à cette époque, en effet, ou, au plus tard, lors des troubles de 1567, que disparut l'ancienne toiture en tuiles de couleurs vernissées dont, quelques années auparavant, Aymar Falco nous parlait encore avec admiration (1), et que surtout on détruisit plusieurs des arcs contrebutant la grande nef au-dessus des collatéraux.

La solidité, ou mieux, l'élasticité de l'édifice fit cependant qu'il put résister à d'aussi violentes secousses, et bientôt après, la fin de la première guerre religieuse, peut-être aussi un changement dans les desseins de ses démolisseurs, permit de prendre en sa faveur des mesures capables d'en assurer la conservation.

---

(1) *Anton. hist. compend.*, f° CXVI. Ce toit avait été exécuté sous l'abbé Antoine de Brion (1482-1490), à la suite d'un chapitre général, où les capitulants avaient décrété « templum ipsum .. magnificentiori tecto, vermiculato scilicet seu vario ac versicolori opere fore contegendum. » — ID., *ibid.*, f° XCVIII, verso.

A ce propos, le P. Dassy raconte que si notre église ne fut pas alors complètement renversée, ce fut grâce à l'intervention de Pierre de Frize lui-même, qui fit prévaloir l'avis de la réserver pour un *temple* (1). C'est là une constatation que nous ferions avec plaisir, à la décharge de ce Frize, le plus cruel des ennemis de Saint-Antoine, sa patrie ; mais, bien que ce fait en lui-même n'ait rien d'impossible, nous voudrions, pour l'affirmer à notre tour, qu'il soit appuyé d'un témoignage plus ancien et moins suspect de sacrifier à la légende.

Les ruines matérielles ne furent malheureusement pas les seules qu'eut alors à déplorer l'abbaye de Saint-Antoine. Chassés et dispersés par la tempête, tous les religieux Antonins n'eurent pas le courage de résister à sa violence, et nous avons la preuve que plusieurs d'entre eux, pour échapper aux mauvais traitements ou conserver leur vie, ne reculèrent pas devant une honteuse apostasie. Hâtons-nous d'ajouter que cette apostasie, uniquement dictée par la peur, était, par une singulière déviation du sens catholique, plus apparente que réelle, et qu'une fois le danger passé, ces malheureux n'eurent rien de plus pressé que de revenir à l'abbaye solliciter le pardon de leur faute.

Nous nommerons : Jehan Vallet, prêtre et profès de Saint-Antoine, natif de Marnans, qui, entraîné par les huguenots, remplit à Romans les fonctions de diacre dans les cérémonies de ces hérétiques ; Clément Mignon, également religieux-prêtre, et originaire de Saint-Antoine, qui, sur les instances de ses parents, et persuadé « qu'il ne pouvoyt aultrement eschapper le péril de mort, » adhéra publiquement à la nouvelle religion et en observa toutes les prescriptions de prières et de culte.

(1) *L'abbaye de Saint-Antoine*, p. 260.

Le premier, Jehan Vallet, revint immédiatement après les troubles au monastère, où il fut reçu à l'absolution par le pénitencier de l'ordre, frère Antoine de Reverolles.

Clément Mignon, au contraire, persévéra dans l'erreur plus d'une année encore, à la suite d'un « conseiller du grand Conseil, » qu'il avait accompagné jusqu'à Chartres et à Epernon ; mais, ce conseiller étant mort, Mignon fit aussitôt « exercisse de cresthien et catholicque, » et revint au monastère, où il comptait déjà de longues années de profession.

Un troisième religieux, François Charréard, dont nous retrouverons plus tard le nom avec le titre de grand aumônier de l'abbaye, se compromit encore plus avec les hérétiques. Après avoir été quelque temps novice, il n'était plus, lors des premiers troubles de cette année 1562, que « esclaffard ou jouvanceault, » suivant l'expression du procès-verbal dont nous extrayons tous ces détails (1), « et voyant non seullement icelly monastère et ville dudict St-Anthoine, mais aussi tout le pays circumvoysin, es manier et gouverné par les cappitaines et soldatz huguenaulx tellement, qu'il luy estoit impossible s'en retirer, et estant persuadé par exortations et menaces, voyant le peril iminant qui se présantoit, lequel il ne pouvoit eschapper, sinon en adhérant ausditez huguenaulx, » il adhéra « à leur oppinion adsistant à leurs presches et prières et suyvies leurs bandes et armées pourtant les armes avec eulx, » et ne s'arrêta que devant la participation

(1) Cf. *Registre contenant quelques actes d'abjuration du protestantisme*, petit in-folio, ms. aux arch. de la chambre des notaires de Grenoble, publié par M. E. Maignien, dans le *Bulletin de l'Académie delphinale* (4e série, t. IV, 1890, p. 511-530.) — Les *esclaffards* (en provençal *esclaffa*, frapper), joueurs de tambour ou des cymbales, formaient, avec les *epiphards* ou *piffards (pifferario*, joueur de fifre), dans certaines églises principales, la seconde catégorie des employés du chapitre, et remplissaient ordinairement les fonctions de musiciens (J. Chevalier, *Acte de fondation du premier séminaire de Valence*, p. 4, note 2.)

directe à la cène et autres prétendus sacrements des religionnaires. Cela ne l'empêcha pas, aussitôt le « premier trouble assopi et pacifié, » de revenir comme si rien n'était et de reprendre son ancienne profession au monastère de Saint-Antoine. Un jubilé ou pardon général, accordé par le souverain pontife, facilitait alors ces retours, et nous voyons ici nos trois Antonins en profiter avec empressement.

Quelques années plus tard, ces mêmes repentis, non contents de leur première absolution, se présentèrent de nouveau avec d'autres, à Grenoble, devant l'archevêque d'Embrun, Guillaume de Saint-Marcel d'Avançon, spécialement délégué par le Saint-Siège pour recevoir les abjurations, et obtinrent leur réhabilitation complète « *in forma ecclesie consueta* » : Jehan Vallet, le 23 janvier 1573, étant âgé de 45 ans ; Clément Mignon, le 11 décembre de la même année, âgé de 40 ans ; François Charréard, le 2 février 1575, âgé de 36 ans (1).

CHAPITRE III (1567-1568)

LES HUGUENOTS DOMINENT DANS TOUTE LA RÉGION ; EFFORT INUTILE DU LIEUTENANT-GOUVERNEUR DE GORDES CONTRE SAINT-MARCELLIN ; NOUVEAUX RAVAGES DES HÉRÉTIQUES A SAINT-ANTOINE ; INCENDIES DES ARCHIVES DE L'ABBAYE ; RECTIFICATION A L'HISTOIRE DU P. DASSY ; L'ARMÉE DE DE GORDES ARRIVE ENFIN POUR DÉLIVRER LE BOURG ; ORDRE DE DÉMANTELLEMENT DES REMPARTS ; LA PAIX A SAINT-ANTOINE.

L'Edit de pacification (19 mars 1563), avait officiellement mis fin à la première guerre religieuse. Il s'en fallait

---

(1) *Registre... d'abjuration, etc.* Bulletin de l'Acad. delph., *loc. cit.* pp. 521, 524, 526.

bien, cependant, que le calme fût pareillement revenu dans les esprits, et il n'était pas rare de voir se produire, çà et là, des actes d'hostilité ou de représailles.

Ce n'était donc qu'une paix relative, et à Saint-Antoine, comme ailleurs, les partis étaient sur une défensive grosse de menaces. Toutefois, nos religieux Antonins mis en fuite par les troubles précédents n'avaient pas attendu que la sécurité fut pour eux moins incertaine, et, promptement rentrés dans leur abbaye dévastée, ils s'efforçaient d'en relever peu à peu ou du moins d'en consolider les ruines.

Cet état de choses dura jusqu'à l'automne de 1567, où le feu de la révolte, violemment attisé par Condé et Coligny, éclata de nouveau en un incendie qui embrasa la France tout entière. Le signal de ce soulèvement fut donné à Nîmes par la *Michelade* du 29 septembre, et les mesures pour le rendre général se trouvèrent si bien prises d'avance par les huguenots, qu'ils furent presque aussitôt maîtres à peu près partout.

Le Dauphiné fut encore des premiers cette fois, à céder aux prédicateurs de la réforme, et beaucoup de ses villes se déclarèrent ouvertement contre le roi, entraînant à leur suite les localités de moindre importance. A Saint-Antoine, le mot d'ordre de la rebellion nous vint de la petite ville voisine de Saint-Marcellin, où les religionnaires, au dire de Chorier (1), formaient alors une forte majorité, et qui devint ainsi pour le bourg et tout le bailliage, le foyer principal d'une néfaste influence.

Peu s'en fallut, pourtant, que ces nouveaux maîtres du pays ne se vissent arrêter tout à coup dans leurs progrès : ce fut, en effet, de ce côté de la région viennoise que

---

(1) Chorier (*Histoire générale du Dauphiné*, p. 616) exagère probablement leur nombre en le portant à *six mille*.

le lieutenant-gouverneur du Dauphiné, de Gordes (1), voulut porter tout d'abord ses efforts de revendication au nom du roi, et l'attaque de Saint-Marcellin fut un de ses premiers objectifs. Mais quand, après de trop longues semaines d'attente, de Gordes se présenta sous les murs de cette ville, déjà un des chefs huguenots le plus en vue, Jacques de Saluces de Miollans, seigneur de Cardé, était accouru pour la défendre, à la tête de quinze compagnies.

Deux combats sanglants furent livrés, le 20 et le 22 novembre, dans la plaine voisine et auprès du château de Chatte. Dans l'un et dans l'autre, les catholiques eurent l'avantage; mais chaque fois Cardé put échapper à la poursuite, en se réfugiant derrière les remparts de Saint-Marcellin. La ville elle-même ne put être forcée, et bientôt, sur l'avis qu'un nouveau secours considérable arrivait aux huguenots (2), de Gordes crut prudent de se retirer. Il quitta son campement de Chatte, le dernier jour de novembre, pendant que Cardé, continuant à se fortifier à Saint-Marcellin, tenait ainsi sous sa dépendance toutes les autres villes et bourgades de la région.

Les meneurs huguenots que le bourg de Saint-Antoine comptait toujours dans son sein, et qui avaient été, en grande partie déjà la cause de ses premiers désastres, étaient donc désormais entièrement à couvert. Enhardis et protégés par le voisinage de St-Marcellin, ils n'allaient pas manquer de s'en prévaloir, pour s'imposer à la communauté, dominer toutes ses résolutions, y renouveler toutes leurs anciennes violences.

En 1562, les troubles avaient été surtout marqués à

(1) Bertrand-Raimbaud de Simiane, baron de Gordes, avait succédé, en 1564, à Maugiron, dans la lieutenance générale au gouvernement de Dauphiné.

(2) C'étaient environ 17,000 hommes amenés par Jacques de Crussol, seigneur d'Acier, et par Mouvans en personne. Cf. Chorier, *Hist. gén.*, p. 617.

l'abbaye, par des pillages d'objets précieux et la dévastation des édifices; ceux de 1567, plus désastreux peut-être, eurent encore un autre caractère, avec un but particulièrement réfléchi et intéressé, dans le saccagement des archives.

Afin de s'assurer de la possession des biens usurpés durant la guerre, et pour se débarrasser, du même coup, des charges et des redevances, que la coutume et les contrats leur imposaient envers l'abbaye, les novateurs s'acharnèrent à en faire disparaître les preuves écrites et à détruire, avec les titres et les papiers du monastère, le témoignage authentique de ses droits.

Ces destructions, exécutées en quelques jours, eurent, dans la suite surtout, un contre-coup fâcheux pour le monastère. Dans le nombre des pièces disparues, plus d'une, en effet, étaient la preuve du fondé de ses possessions ; et, privés désormais de ce témoignage écrit, les religieux se heurteront souvent aux refus de tenanciers infidèles.

De là ces procès-verbaux-enquêtes, qu'ils firent dresser dès les années suivantes, pour appuyer juridiquement leurs réclamations, et dans lesquels nous trouvons des détails si intéressants sur les désastres de l'abbaye, à cette époque (1).

---

(1) Cf. Enquête du 1er mai 1576, citée par ADVIELLE, *Histoire de l'ordre*... etc., p. 178. — Enquête du 5 décembre 1597, citée par le même, *ibid.* p. 174. — Enquête du 29 novembre 1593, *ibid.* p. 169. — L'original de cet acte se trouve aujourd'hui dans la collection de documents rassemblés autrefois par M. E. Chaper : collection du plus haut intérêt pour les érudits, mais qui, pour des raisons d'ordre privé, est devenue malheureusement à peu près inabordable. — D'après une liste communiquée par M. Ginon, curé de St-Joseph de Grenoble, les pièces de cette collection, se rapportant à l'histoire de St-Antoine, ne comprendraient pas moins de 171 titres, imprimés, manuscrits et parchemins ; nous y relevons parmi les plus intéressants pour nous et avec leur n° respectif de classement : n° 16. *Enquête originelle des ravage-*

La première en date, de ces enquêtes (1er mai 1576), est établie à la poursuite de l'abbé Louis de Langeac, représenté par le châtelain du bourg, Claude Anisson : plusieurs témoins oculaires sont entendus et attestent que, « ceux de la prétendue religion refformée estrangere, qui pouuoient estre en garnison de ce dit temps en laditte ville » ont « pris et bruslés tant en l'abbaye, clocher de laditte église et en beaucoup d'autres lieux, une infinité des papiers et documents desdits seigneurs abbés et couuent dudit Saint-Antoine. »

Les témoins entendus dans une autre enquête (23 novembre 1593), sont encore plus explicites, par exemple : « Noël Marchand, espinglier, natif de Saint-Antoine..... dit estre vray et notoire et ainsy l'avoir veü, qu'en l'année mil cinq cens soixante-deux que commencèrent les premiers troubles pour le fait de la religion..... les églises et maisons des cloistriers de laditte abbaye..... furent pillées et saccagées par ceux qu'on disoit communément huguenots, et dauentage qu'en l'année mil cinq cens soixante-sept, lesdits troubles estant renouvellés, fut fait encore plus grand rauage, dégast, ruine et saccagement desdittes églises, maisons, ornements, titres, instruments et papiers estans, dont il a veü grande quantité desdits papiers qui furent bruslés en monceaux au deuant de l'église de Notre-Dame, en laditte ville, et dans le cloistre d'icelle abbaye ; autre grande partie d'iceux papiers furent gastez et déchirés dans l'eaüe ; tel rauage continua par plusieurs jours,

---

ments et incendies des maisons, etc., 25 août 1605 (reproduit par Advielle, *op. cit.*, p. 179) ; — n° 29. *Réponse faite au sujet des ravages des huguenots, 1566* ; — n° 34. *Charges de l'hôpital de St-Antoine* ; — n° 49. *Inventaire des biens de l'abbaye* ; — n° 67. *Actes capitulaires de 1622 à 1623* (fort vol. in-4°) ; — n° 78. *Inventaire du mobilier et du trésor de St-Antoine, 1696* ; — n° 79. *Inventaire des authentiques des reliques* ; — n° 92. *Inventaire des joyaux de St-Antoine, 1608* ; — n° 24. *Statuts du grand hôpital* (deux fascicules), etc., etc.

ainsy qu'il a comme dessus veü. » — Un autre déposant dans la même enquête « vit que le feu fut mis par lesdits huguenots en laditte grande église, mesme au reuestiaire et sacristie, où l'on tenoit les papiers d'icelle abbaye, etc. »

C'est donc partout où ils purent les découvrir, que les dévastateurs de 1567 s'efforcèrent d'anéantir les archives de l'abbaye : les papiers que l'on conservait dans la bibliothèque disparurent dans l'incendie allumé sur la place de l'église Notre-Dame, dont la bibliothèque, ainsi que nous l'avons précédemment constaté (1), était très rapprochée; d'autres archives furent brûlées dans les cloîtres; celles de l'église abbatiale, dans l'église même, dans le *revestiaire* de la sacristie et jusque dans le clocher contigu.

Eustache Piémont dans ses *Mémoires* (2), parle d'un soldat huguenot, nommé Guigou Vert, de Montmiral, qui fut arrêté à Romans, en 1573, sous diverses inculpations, et qui comptait, parmi ses autres méfaits, celui d'avoir « mis le feu au clochier de l'église de Saint-Antoine ».

D'après certains récits populaires, les incendies allumés dans ce temps à Saint-Antoine, auraient eu des proportions bien plus considérables que ce simple embrasement du clocher; et, pour nous borner, nous mentionnerons seulement un sinistre immense dans lequel toute la partie supérieure de la grande église aurait été abîmée. Le P. Dassy, à ce sujet, ne manque pas l'occasion de se mettre en frais de détails, et il expose au long comment, en cette année 1567, au moment où une troupe de huguenots se retirait de Saint-Antoine après l'avoir dévasté, un soldat attardé « monta sur le grand comble pour embraser des matières combustibles » préparées dès la veille, et comment « l'Erostrate fanatique (nous citons) put contem-

(1) V. plus haut, p. 11.
(2) P. 10 de l'édition donnée par M. Brun-Durand.

pler les flammes violentes de l'incendie en allant rejoindre ses compagnons (1). »

Malheureusement, selon sa trop constante habitude, l'auteur de ce passage se garde bien d'en donner une preuve, une justification quelconque ; et, comme d'autre part, l'ensemble de son récit, loin de concorder avec la suite des faits, tels qu'ils nous sont donnés par l'histoire authentique, confond au contraire plusieurs événements bien distincts (2), nous nous permettrons, dans le cas particulier qui nous occupe, de mettre en doute, sinon de récuser absolument son témoignage. Nous croirions donc plus volontiers que, pour avoir la vérité sur ce désastre imaginaire de notre église, il faut le ramener aux simples proportions de l'incendie du clocher. Dès lors l'*Erostrate* du P. Dassy ne serait pas autre que le Guigou Vert mentionné par Eustache Piémont et qui, pendant que ses compagnons brûlaient les papiers et les titres dans l'église, au revestiaire et dans la sacristie, aura, par mé-

---

(1) *Op. cit.*, p. 264.

(2) Dans l'espace de deux ou trois pages seulement, le P. Dassy (*op. cit.*) multiplie ici les erreurs d'une façon presque invraisemblable. D'après lui, la guerre que nous avons vue se rallumer vers la saint Michel (29 septembre 1567), aurait commencé le 8 septembre 1566 ; il place au mois de mars de l'année suivante, le meurtre du P. Charles d'Arzag de La Cardonnière, qui n'eut lieu que plus de 13 ans plus tard, le 4 juillet 1580 ; l'église Notre-Dame devant laquelle on brûla une partie des archives, a été prise par lui pour la grande église ; etc., etc. — Ces confusions viennent de ce que l'unique source que le P. Dassy semble avoir utilisé pour cette partie de son travail, est une ***Histoire de l'établissement de l'ordre de Saint-Antoine***, (Ms. XVIII s. Biblioth. de Grenoble U, 917,) dont l'auteur (très probablement le P. Fornier, grand prieur de l'abbaye en 1732) après avoir donné dans une vue d'ensemble le récit de quelques faits de nos guerres religieuses, conclut ainsi (p. 235) sans préciser autrement : « cela fust exécuté dès le milieu du XVIe siècle, à cinq reprises, scavoir : en 1562, 1567, 1580, 1587, 1590. » Avec ce seul document d'une telle élasticité dans les dates, le plus sûr pour le P. Dassy, était de se tenir dans une réserve équivalente.

chanceté ou par imprudence, mis le feu à la charpente du clocher attenant.

Il nous est impossible de savoir de quelle quantité de richesses manuscrites l'abbaye de Saint-Antoine eut à déplorer la perte dans cette désastreuse année 1567 ; mais nous pouvons constater avec bonheur que toutes ne devinrent pas alors la proie des flammes, et que, pour une portion même considérable de ces archives, les huguenots se bornèrent à en disperser ou à s'en approprier les débris. A peine, en effet, la tourmente avait-elle cessé de sévir sur l'abbaye, que les religieux, réunis en chapitre, s'empressaient d'adresser à qui de droit une requête aux fins d'obtenir la restitution immédiate de tous ces titres et documents. Le parlement de Grenoble accueillit favorablement la conclusion de cette demande, et en ordonna l'exécution, par un décret daté du 9 mars 1568 (1). Cette mesure fut loin d'être sans efficacité, puisque dans des procès en revendication, par exemple en 1614, nous voyons l'abbé produire, à l'appui de son droit, des terriers remontant aux années 1483, 1488, plus « trois volumes tirés du gros terrier reçeu... » en 1510, etc. (2).

Ce recouvrement inespéré d'une partie des titres explique aussi l'abondance de documents anciens possédés par l'abbaye jusqu'au siècle dernier, et dont plusieurs archivistes de l'ordre eurent alors l'heureuse inspiration ou la commission expresse de dresser des inventaires détaillés (3). Les archives de Saint-Antoine ayant été de nou-

---

(1) Cf. *Inventaire* Hussenot, n° 776.

(2) Cf. *Acte pour Mons. l'abbé de Saint-Antoine contre Gaspard Vincent*, dans les minutes d'Annibal Piémont; registre de 1614, fol. 175.

(3) Le 20 juin 1739, le chapitre de St-Antoine donnait commission « à frère Nicolas-Louis Hussenot, définiteur général et archiviste, et, à son défaut, à frère Claude Josse, coarchiviste, pour faire procéder et présider à la rénovation générale des terriers de cette abbaye. » (Cf. *Inventaire* Hussenot, n° 1114.) Le travail de rédaction, commencé cinq

veau dispersées, après la suppression de l'ordre en 1777 (1) et pendant la période révolutionnaire ; ces inventaires sont demeurés une des rares et des plus précieuses sources de l'histoire antonienne.

Les huguenots du bourg ne furent pas les seuls à marquer cruellement à Saint-Antoine les quelques mois de leur domination ; ceux des garnisons voisines, par des visites fréquentes et même des séjours prolongés, devinrent aussi, pour l'abbaye en particulier, un véritable fléau. Un jour trois chefs protestants, les capitaines Cacoche, Saint-Ange et Sainte-Marie arrivent à Saint-Antoine avec leurs troupes, et occupent aussitôt la maison d'un notable du lieu, le sieur de Miribel ; on leur a dit qu'une quantité considérable d'objets précieux se trouve dans cette maison et ils viennent saisir ce dépôt. Toutefois, devant les réclamations des habitants du bourg, ils laissent ce qui appartient à ces derniers et ne s'emparent que du seul dépôt du monastère ; ce sont « quatre coffres où l'on disoit qu'auoient été mis et enserrés, les papiers, tiltres et

---

ans après, fut mené à bonne fin et comprenait, dit-on, quatre volumes, dont le premier et le plus important pour nous figure aujourd'hui aux Archives de l'Isère, où il a été « réintégré » en 1857 de la mairie de Saint-Antoine. Le P. Dassy, qui l'a utilisé, l'appelle inexactement le *Pouillé de l'abbaye*. Les autres volumes sont considérés comme perdus : car on ne saurait faire rentrer dans cette série l'Inventaire antonin de la collection Chaper, puisque ce volume porte la date de 1660 et a pour auteur un autre antonin, le P. Etienne Goyt.

Un autre volume d'Inventaire non moins précieux, quoique un peu postérieur et sans nom d'auteur, est celui qui fut composé vers le milieu du XVIIIe siècle avec ce titre : « *Inventaire des titres et papiers plus mémorables de l'Ordre, comme aussi des fondations faites en l'Eglise de cette abbaye et autres lieux en dépendant,* » et qui appartient à la Bibliothèque du Grand-Séminaire de Grenoble. Il en existe une copie à l'abbaye de Saint-Antoine.

(1) Une partie considérable de nos archives fut alors transportée à Lyon. Le fonds de St-Antoine aux archives du Rhône ne compte pas moins de 392 cartons, deux liasses, quatre rouleaux et 33 registres. (Cf. *Procès-verbaux des délibérations du Conseil général du Rhône*, 2e session ordinaire de 1888, p. 562.)

ornements de ladite abbaye. » Les pillards « prindrent les mulets de l'ouvrier d'icelle abbaye (1) pour porter lesdits coffres où bon leur sembla, et ainsi furent tant lesdits mulets et coffres que ce qui estoit dedans perdus. » Telle est la déclaration d'un témoin oculaire, Pierre Bernard, habitant du bourg, dans l'enquête judiciaire de 1593 (2).

Les religieux de Saint-Antoine n'avaient pas attendu, pour se mettre à l'abri, que la tempête fut aussi violemment déchaînée sur leur monastère, et, par une fuite que la prudence ne justifiait que trop, avaient de nouveau abandonné les bâtiments claustraux à la brutale discrétion des envahisseurs. Les soldats huguenots pouvaient donc, dans leurs allées et venues, s'installer là comme en pays conquis, usant et abusant du droit de la guerre ; et l'on devine aisément quels ravages dans l'ameublement, quelles ruines, jusque dans le gros œuvre, ils durent accumuler pendant cette occupation violente de plusieurs mois.

Mais enfin, l'heure de la délivrance va sonner pour la malheureuse abbaye ; et, par un singulier retour des événements, elle pourra voir parmi ses sauveurs celui-là même qui, cinq ans auparavant, a été l'instigateur de ses premiers désastres.

Rallié maintenant aux catholiques, et poussé par la rancune beaucoup plus que par des convictions religieuses quelconques, le baron des Adrets ne demandait qu'à se signaler contre ses anciens partisans (3). Il avait à cet effet

(1) On sait que *l'ouvrier* d'un monastère était, à cette époque, le religieux chargé de l'entretien des édifices. Cette charge à Saint-Antoine était depuis l'année 1363 unie à la commanderie de Gap, et son titulaire en 1567 était frère Charles Anisson.

(2) Cité par Advielle, *op. cit.*, p. 173.

(3) D'un caractère susceptible et vindicatif, des Adrets avait pris ombrage de certaines mesures des chefs protestants à son égard, à la fin de la campagne de 1562, et, pour se venger, s'était immédiatement

obtenu un commandement dans l'armée du roi, et, à la tête de son *régiment de Dauphiné* (1), était venu offrir ses services au lieutenant-général de Gordes.

Celui-ci, depuis quelque temps déjà, avait repris énergiquement l'offensive contre les huguenots. Le 3 février 1568, il était devant la Côte St-André; mais une garnison d'élite rendit inutiles tous ses efforts d'assaut, et le siège, après quelques jours, dut être converti en blocus régulier.

C'est à ce moment qu'arriva très opportunément au lieutenant-général, pour l'aider à parfaire son blocus, le renfort inattendu du baron des Adrets. La renommée de la vaillance du baron et de son énergie cruelle inspirait toujours la même terreur qu'autrefois, et sa présence devant la ville assiégée fut pour beaucoup dans la résolution que prirent ses défenseurs de s'enfuir avant d'être forcés par lui (14 février).

Le capitaine Cardé s'était bien efforcé de secourir ses coreligionnaires en s'avançant de Saint-Marcellin vers la Côte; mais son intervention trop tardive fut sans résultat, et il se replia sur Saint-Antoine. Aussitôt de Gordes profite habilement de cette circonstance qui dégarnit Saint-Marcellin : il envoie un détachement pour s'emparer de cette ville, pendant que lui-même, avec le reste de ses forces, marche droit sur Cardé à St-Antoine. — Ainsi pris entre deux feux, Cardé n'eut que le temps de s'enfuir dans la direction de Romans, et ses troupes quittaient à peine le bourg d'un côté que de l'autre apparaissait déjà la tête de l'armée de de Gordes (2).

---

offert au duc de Nemours. Cette trahison, ayant été découverte à temps par les huguenots, valut au baron une captivité de plusieurs semaines qui ne fit qu'accroître son amertume et son désir de vengeance.

(1) Pour lui le roi remit sur pied la *Légion de Dauphiné*, qui s'appela aussi régiment des *Bandes françaises*, composé de 3,000 hommes d'infanterie et de quelque cavalerie légère. (Cf. Brisard, *Histoire du baron des Adrets*, p. 82.)

(2) Cf. Chorier, *Histoire du Dauphiné*, p. 622.

Le baron des Adrets commandait un des trois corps de l'armée libératrice (1) ; mais, en la présence du lieutenant-général il n'avait aucun ordre à donner pour les dispositions à prendre dans le bourg reconquis. Tout au plus, sur ce point, était-il autorisé à donner son avis, et c'est uniquement ce qu'il fit quand le lieutenant-général posa la question de démantellement du bourg.

Or, en cette conjoncture, bien loin d'avoir en quelque manière appuyé l'exécution de cette mesure, ainsi que semble l'insinuer le P. Dassy (p. 265), le baron, s'il faut en croire Chorier (2), fit au contraire tous ses efforts pour faire prévaloir l'avis contraire ; et, s'il n'eut pas en cela gain de cause, c'est que de Gordes, outre certains préjugés qu'il gardait toujours contre le baron (3), jugea que la place n'était ni « assez importante pour y mettre une garnison..., ni assez mauvaise pour en négliger la perte (4). » Des *Mémoires* anciens et qui relatent, en abrégé, *ce qui a passé en Daulphiné depuis les troubles de 1567* (5), ajoutent qu'il y avait encore à cela « plusieurs bons rapports, mesmes pourceque la plupart des habitants étoient huguenots (6). »

Nous ne saurions assurément pénétrer le mobile secret ou avoué, qui poussa alors le baron des Adrets à demander ainsi la conservation de nos remparts ; mais si dans cette intention il avait un réel et sincère désir de sauve-

(1) L'armée de de Gordes pénétra dans Saint-Antoine divisée en trois groupes ou corps, commandés respectivement par Brunier La Cardonnière qui entra le premier, par le baron des Adrets qui arriva ensuite, et par de Gordes en personne à l'arrière-garde. — CHORIER, *ibid.*

(2) *Ibid.*

(3) « soit qu'il doutât de sa foi, soit qu'il n'estimât pas assez son jugement, » dit CHORIER, *op.* et *loc. cit.*

(4) ID., *ibid.*

(5) D'après un ms. anonyme de la bibliothèque de Grenoble, publié par M. Gariel dans les *Delphinalia*, t. IV, p. 115.

(6) ID., *ibid.*, p. 117.

garder maintenant les intérêts du bourg, ce n'était qu'une légitime et faible compensation pour tous les dégats précédents dont il était le premier auteur, et dont il pouvait encore contempler les traces trop visibles, quand, suivant l'expression toujours pittoresque du P. Dassy, « il poussait son cheval jusqu'au frontispice du saint temple. »

Quoi qu'il en soit, l'ordre du démantellement fut exécuté à Saint-Antoine, et l'on vit en quelques jours, l'antique enceinte de murailles, ou du moins ses parties principales, c'est-à-dire ses portes, crouler sous le marteau des démolisseurs.

Cette mesure, que de Gordes eut d'ailleurs pour tactique d'appliquer, durant cette campagne et la trêve qui suivit, à la plupart des places qui avaient favorisé la rébellion, fut peut-être alors tout à l'avantage de notre bourg. Désormais ouvert, il n'était plus, comme auparavant, exposé à servir de repaire fortifié à tous les bandits qui infestaient la région, et les huguenots indigènes, toujours sous le coup d'un retour offensif des troupes royales, étaient contenu dans le désir qu'ils pouvaient encore avoir d'exercer de nouvelles violences.

La tranquillité une fois rétablie à Saint-Antoine, les religieux y revinrent promptement et avec eux la vie normale du bourg ; mais que de ruines amoncelées dans leur abbaye, et dont le relèvement n'exigeait rien moins que les efforts de plusieurs années de paix ! Un document contemporain, encore inédit, et que nous devons de connaître à l'obligeance de M. le chanoine J. Chevalier (1), nous apprend dans quel état de désolation se trouvait alors le

(1) C'est un extrait de toute une série de procédures, entreprises par une délégation de la Cour dans le bailliage de Saint-Marcellin, et qui constate dans chaque localité les ravages commis par les huguenots. Nous faisons des vœux pour que M. le chanoine J. Chevalier, qui nous a si obligeamment permis d'utiliser ce document, puisse prochainement réaliser son dessein d'en publier tout l'ensemble.

monastère, et comment la plupart des religieux, plutôt que de rentrer dans les bâtimens réguliers, où ils craignaient de rencontrer quelques religieux apostats (1), préférèrent demander à l'autorité publique, un logement en dehors de l'enceinte des cloîtres. Voici le sommaire de cette pièce, trop longue pour être donnée ici en son entier (2).

« Le vingt-sixième jour de décembre 1568, le vibailli-commissaire, Antoine Garagnol, s'étant transporté à Saint-Antoine, dans la maison d'Odibert Roy, fait comparaître un certain nombre de témoins parmi lesquels, les deux consuls, Pierre Périer et Jehan Cloct, et le vichâtelain, Loys Lanis. Ces témoins déclarent que les religieux ont repris le service divin depuis « Pasques floryes dernier », non toutefois dans la grande église, mais dans la chapelle de l'hôpital, qui avait moins souffert des précédentes démolitions ; qu'ils se sont logés provisoirement, les uns chez leurs parents, les autres aux hôtelleries. La même déclaration est faite par plusieurs religieux présents : Philbert de Montagud, commandeur de Gollomy, François Roy, commandeur de Nîmes, Charles Anisson, ouvrier, etc. »

Le commissaire fait ensuite, avec les susdits témoins et déposants, la visite de l'abbaye, et constate comme eux que, « hors la chambre du rentier estant sur les dégrez alant à la maison abbatialle », les autres maisons sont tellement ruinées, qu'elles ne sauraient fournir logement habitable.

Alors, à la requête des religieux qui réclament l'exécution d'un arrêt précédemment rendu, le vibailli-commissaire,

(1) Ils (les religieux) « ont en apprehension que dans icelluy monastère il y aye aulcun relligieux pour le présent de la prétendue relligion et oppinyon nouvelle ». Ce qui suppose parmi nos religieux antonins, des défections analogues à celles que nous avons déjà constatées, lors des précédents troubles de 1562.

(2) Nous donnerons toutefois le texte complet aux *Pièces justificatives*.

décide de mettre à leur disposition plusieurs des maisons appartenant aux huguenots du bourg ou du mandement, et maintenant séquestrées. Le commissaire procède aussitôt à la répartition de ces logis, et attribue à noble frère Hector de Rux, grand prieur et vicaire général de l'abbé Louis de Langeach, la maison de Claude Bastard, dit le Loup ; à noble frère Philbert de Montagud, et pour six autres religieux, à son choix, la maison de Pierre de Frize; enfin, pour les autres religieux, les maisons d'Antoine Vignon, dit Paris, sises tant dans la ville que dans le faubourg de Saint-Antoine. Lesdits religieux pouvaient jouir des « meubles et boys » qu'ils trouveraient dans leurs nouvelles demeures, et ce, jusqu'à ce qu'ils « ayent moyen de construire, rediffier et rebastir » leurs propres habitations.

Nous ne savons pas combien de temps, les religieux eurent ainsi à attendre au dehors une restauration suffisante de leur monastère; mais, vu le calme persévérant des années qui suivirent, il est permis de conclure que ces restaurations ne traînèrent pas en longueur. Tout d'abord, en effet, et dès le 27 mars 1568, la paix de Longjumeau venait apporter une trêve de six mois ; puis, quand la guerre se ralluma, en septembre de la même année, le théâtre des opérations se trouva transporté dans l'ouest de la France, et les défaites des protestants à Jarnac (15 mars 1569), et à Moncontour (3 octobre 1569), eurent à peine un instant leur contre-coup dans la partie montagneuse du Dauphiné et dans le Vivarais.

L'abbaye de Saint-Antoine put ainsi respirer pendant la troisième et la quatrième guerres de religion. Cette relâche fut aussi utilement employée par le bourg, et l'on alla même à la fin, jusqu'à prendre, en vue de l'avenir, de sérieuses mesures de précaution, en faisant de nouveau fortifier l'enceinte.

C'est que, malgré tout, le calme n'était qu'apparent, et

il était facile de prévoir qu'un nouvel orage était imminent, prêt à éclater au premier signal. Ce signal fut le massacre de la Saint-Barthélemy, 1572 (1). La cinquième guerre religieuse commençait, et, à partir des premiers mois de l'année suivante, allait successivement ensanglanter toutes les parties du Dauphiné.

CHAPITRE IV (1572-1576)

SOULÈVEMENT DES HUGUENOTS DANS LE VOISINAGE DE SAINT-ANTOINE ; ORGANISATION D'UNE MILICE COMMUNALE AU BOURG ; SES PREMIÈRES SORTIES DU CÔTÉ DE L'ISÈRE ; PANIQUE PENDANT LA SEMAINE-SAINTE, 1573 ; ENTREPRISE DE L'ARMÉE ROYALE CONTRE LE ROYANS AVEC LE CONCOURS DES MILICES COMMUNALES ; DÉSASTRE DE PONT-EN-ROYANS OU PLUSIEURS HABITANTS DE SAINT-ANTOINE TROUVENT LA MORT ; NOUVELLES SORTIES DE SAINT-ANTOINE CONTRE LES HUGUENOTS, DIRIGÉES PAR UN RELIGIEUX DE L'ABBAYE.

A partir de cette année 1572, nous avons, pour nous aider dans la reconstitution de l'histoire de Saint-Antoine au XVIe siècle, la mine abondante des *Mémoires* d'Eustache Piémont : relation précieuse, comme on sait, et aussi sûre que circonstanciée. Toutefois, pour cette première année, ces *Mémoires* ne nous offrent qu'un seul événement qui intéresse immédiatement la région de Saint-Antoine. C'est un rassemblement d'environ trois ou quatre cents huguenots dans les bois de Chambarand, au lieu dit, le « Pomerat », sous la conduite des sieurs de

(1) La courageuse résistance du lieutenant général de Gordes aux ordres de la Cour, appuyée par le parlement de Grenoble, avait pourtant empêché la répétition de ce massacre en Dauphiné.

la Robinière et du Pomerat, avec les capitaines Gay de la Côte et Lacroix.

Le but de ce soulèvement était de fournir des forces au nouveau chef des protestants en Dauphiné, Montbrun (1), qui machinait, pour lors, un coup de main contre les villes de Grenoble, de Romans ou de Vienne. Les huguenots des Chambarands avaient donc comme premier objectif, d'aller rejoindre en secret l'armée de Montbrun dans les montagnes; mais ils venaient à peine de se mettre en route (avril de cette année 1572), qu'ils furent découverts et taillés en pièces, par les gentilshommes de Moirans et de Tullins groupés en corps de milice (2).

C'est que, depuis le commencement de la nouvelle guerre, beaucoup de localités et de bourgs, comprenant enfin la nécessité de veiller eux-mêmes à leur sécurité, avaient obtenu d'organiser des groupes de milices franches, dont les hommes obéissaient à un chef choisi par eux, sous le contrôle de l'autorité supérieure. Saint-Antoine entra des premiers dans ce mouvement ; et sa milice, composée surtout des bourgeois et d'autres habitants du bourg, arriva bientôt à former un effectif de plus de quatre-vingts arquebusiers; son chef, en avril 1573, était noble Guillaume du Solier, sieur de la maison forte du Châtelard de Saint-Lattier, près de Saint-Bonnet de Chavannes.

Jusques vers le 25 mars de l'année suivante, les partis bataillèrent loin du Viennois. Le contre-coup de la guerre

(1) Charles du Puy, seigneur de Montbrun.

(2) E. PIÉMONT, *Mémoires*, p. 9. Presque tous les chefs de cette troupe de huguenots furent, ou tués dans l'action, ou faits prisonniers et exécutés ensuite. « La Robinière (le jeune) fust poursuivy et tué au bois de Claix (près de la Sône) avec d'aultres, l'ainé La Robinière prins prisonnier, bien blessé et mené à St-Marcellin où son procès formé, il fut mis en quatre à Romans, » *ibid.*, p. 10. Les sieurs du Pomerat, Lacroix, le capitaine Gay furent pareillement « exécutés à mort. »

se fit cependant sentir chez nous, par le passage de plusieurs troupes de soldats qu'on dirigeait vers le Comtat ou le Valentinois : du 1er au 3 janvier, la compagnie de gens d'armes du comte de Retz (Albert de Gondi), forte de trois cents hommes ; ensuite, la compagnie du grand prieur de Champagne (1) (Michel de Serre), de deux cents cinquante chevaux, « qui demoura à grands frais en ladite ville quatre jours entiers (2). » Et ce n'était là que le commencement de ces passages de troupes qui, amies ou ennemies, allaient être désormais une des principales causes de ruine pour le bourg. Piémont, à ce sujet, est intarissable de lamentations ; et c'est toujours avec des paroles d'amertume, qu'il signale la présence au bourg, de ces hommes de guerre, quand il ne va pas jusqu'à en stigmatiser avec colère les trop fréquentes déprédations.

Ce ne fut qu' « environ la feste de Nostre Dame de Mars (25 mars 1574), » que la milice de Saint-Antoine eut à prendre une part active à la guerre. Les huguenots du Royans, se soulevant tout à coup, venaient de s'emparer du château de Saint-André. Pour les réduire, le lieutenant-général de Gordes crut qu'il suffirait d'avoir recours aux seules forces des communes ; en conséquence, il donne des ordres pour que toutes les milices du voisinage

---

(1) On sait que le grand prieuré de Champagne était un titre ou une dignité, surtout honorifique à cette époque, de l'ordre de Malte. Les huit grandes divisions de cet ordre en *langues* ou nations, Provence, Auvergne, France, Italie, Aragon, Allemagne, Castille et Angleterre, se subdivisaient elles-mêmes en prieurés, etc. La *langue* de France possédait deux grands prieurés qui s'appelaient d'Aquitaine et de Champagne.

(2) Piémont, *Mémoires*, p. 16. Les renvois à ces *Mémoires* devant être désormais très nombreux, nous avertissons, une fois pour toutes, que l'indication de la page, donnée seule, dans le texte ou en note, ou même les simples guillemets, renvoient le lecteur à l'édition Brun-Durand.

aient à fournir leur contingent, et pour qu'elles viennent se ranger sous le commandement du sieur d'Allières, gouverneur de Beauvoir (1). Cette troupe de soldats peu exercés se met aussitôt en campagne; mais son élan est vite arrêté par la seule nouvelle qu'un des plus fameux chefs protestants de la région, le capitaine Bouvier, de Romans, vient de franchir le défilé de Saint-Nazaire (2), et s'apprête à porter secours aux huguenots du château menacé.

D'Allières, bien que supérieur en nombre, n'osa pas se mesurer avec les soldats plus aguerris de Bouvier, et, ayant appris qu'un renfort considérable arrivait encore aux ennemis, il manda aux miliciens de Saint-Antoine qu'il avait envoyés en grand'gardes à Pont-en-Royans, sous la conduite du capitaine la Saulne, d'avoir à se replier directement, par les bois, vers l'Isère ; lui-même abandonna le siège à peine commencé de Saint-André, et courut se mettre à couvert à Beauvoir.

Tel fut ce premier acte de guerre qui, en réalité, n'avait été qu'une vaine démonstration pleine de promesses, sinon d'espérances au début, terminée par une retraite plus prudente que glorieuse. Nous verrons la suite de la guerre relever heureusement l'honneur de nos milices locales, quand une fois l'expérience leur aura donné cette formation militaire, que ni la meilleure bonne volonté, ni même le plus grand courage ne sauraient suppléer, et qui se compose, avant tout, de prévoyance et de sang-froid.

---

(1) Laurent Alleman, seigneur d'Allières, beau-frère de Montbrun, dont il avait épousé la sœur, Blanche du Puy Montbrun. Nous verrons son fils, du même nom, commander comme lui au château de Beauvoir, mais pour les protestants, dont il était devenu un des principaux chefs dans le Royans.

(2) Entre la montagne et l'Isère. Avant de passer outre, Bouvier s'assura encore la possession de ce défilé en « barriquant » fortement le village de St-Nazaire.

En attendant, les huguenots étaient devenus maîtres absolus de presque tout le Royans, et ils pouvaient, d'un jour à l'autre, envahir le Viennois. Pour prévenir autant que possible ce danger, on se hâta d'établir des postes fortifiés aux principaux passages de l'Isère, et notamment à Rochebrune, qui était le port de Saint-Nazaire (1), à la Sône, à Beauvoir et à Iseron.

Malgré ces précautions, le bruit se répandit tout à coup, le mercredi de la semaine sainte, que les huguenots avaient traversé la « Rivière » (c'est ainsi qu'on appelait l'Isère), et on affirmait que plusieurs personnes avaient même aperçu, ici et là, les détachements de leur cavalerie. Ce fut une panique générale : de toutes parts on s'enfuyait, et de Saint-Antoine il y en eut qui ne crurent pas trop faire, en allant chercher leur sécurité jusqu'à Lyon et Chambéry (2). Or, ce n'était là qu'un faux bruit, dont l'origine parut d'autant plus extraordinaire et difficile à expliquer, que les huguenots de Pont-en-Royans avaient été subitement saisis du même effroi, et que, dans la crainte d'une incursion des catholiques, ils s'étaient enfuis dans la direction des montagnes.

Toutefois, pour tranquilliser complètement les esprits, le prince dauphin d'Auvergne, François de Bourbon, duc de Montpensier et gouverneur du Dauphiné, qui était pour lors à Vienne, envoya une compagnie occuper Saint-Marcellin. Les soldats de cette compagnie passèrent aux portes de Saint-Antoine, mais sans entrer : faveur que les habitants ne purent obtenir qu'en payant aux deux chefs de la troupe, les sieurs d'Hières et de Bocsozel, deux cents écus, dont cent en obligation. « Voilà le larcin, s'exclame ici Piémont (p. 19), et pas moins nous l'eumes par

(1) Ce poste fut confié au capitaine la Saulne, avec 25 soldats qui probablement appartenaient encore à la milice de St-Antoine.

(2) Piémont, p. 19.

après, » c'est-à-dire, que la compagnie n'en exiga pas moins le logement, dans un passage ultérieur.

Presque chaque jour, les nouveaux soldats installés à Saint-Marcellin, eurent à « s'escarmoucher avec les huguenots qui se présentoient le long de la rivière, » et la milice de Saint-Antoine ne manqua pas de contribuer, elle aussi, dans une large mesure, à cette surveillance. « De nostre ville de Saint-Antoine, dit Piémont qui, presque toujours, semble avoir pris une part personnelle à ces expéditions, nous y allames plusieurs et diverses fois en grand nombre avec vivres et bien armés. Quelquefois et suivant les advis, y allions de nuict et de jour, tellement que les huguenots, quelques mines qu'ils fissent, n'ozèrent passer deçà la rivière pour la vigilance que l'on y tenoit. » (p. 21.)

A la fin du printemps 1574, les protestants du Dauphiné, enhardis par divers succès (1), étaient devenus d'une insolence extraordinaire, au point qu'à la proposition qui leur fut faite d'en venir à un accommodement, Montbrun osa répondre par la prise du château de Grâne, propriété personnelle du lieutenant-gouverneur de Gordes. La cour résolut alors d'agir vigoureusement, et confia la direction des opérations au prince Dauphin, qui se mit aussitôt à rassembler et à former de nombreuses troupes (2). Douze compagnies nouvelles furent créées et « dressées » en divers lieux de la région de Saint-Marcellin, où le Dauphin était venu établir son quartier général.

Saint-Antoine se vit assigner à la compagnie du capitaine Bernard, à partir du 4 mai jusqu'au 20, époque où toutes les différentes compagnies devaient se porter en-

(1) Par exemple : Montbrun, à l'expiration d'une trêve d'un mois (février) s'était emparé d'une vingtaine de places dans les Baronnies et le Valentinois, pendant que le s[r] de Cugie, Aimé de Glane, occupait successivement, dans le Royans, le Pont et Iseron.

(2) Environ 7,000 fantassins et 1,200 chevaux.

semble sur les bords de l'Isère. Ce jour-là, 20 mai, fête de l'Ascension, la compagnie du capitaine Bourchenu, qui avait été dressée à Beaurepaire, vint rejoindre la compagnie Bernard à Saint-Antoine, « où pesle mesle les deux compagnies disnerent et souperent. De grand jour ayant soupé, s'en vont à la Sône au rendez-vous (1). »

Mgr le prince Dauphin traversa aussitôt l'Isère avec toutes ses forces et, après un détour simulé vers Saint-Nazaire, tira droit sur Pont-en-Royans. Cette place fut occupée sans résistance (2); ce qui n'empêcha pas les soldats de s'y livrer, pendant deux jours, au pillage le plus effréné : procédé regrettable, de la part d'une armée chargée de rétablir la paix et le calme dans la province, et qui pouvait justifier, en quelque sorte, les représailles dont les dissidents n'allaient pas se faire scrupule d'user avec la dernière rigueur.

Le terrible Montbrun veillait, en effet, du haut des montagnes, et il eut vite pris ses dispositions pour tirer une prompte et éclatante vengeance de cette mise à sac du Pont. Le Dauphin, en se retirant, avait laissé, comme garnison dans la ville démantelée, cinq compagnies, fortes chacune de cent hommes; c'étaient les compagnies Collomb, Bourchenu, Givray, Bernard et la Saulne, « composées la plupart, des enfants de Saint-Antoine, » dit Piémont, ce qui doit signifier que le contingent de notre bourg se trouvait, en grande partie, dans ces compagnies.

Ces troupes auraient dû se tenir sur la défensive; elles préférèrent s'abandonner à une folle sécurité, s'occupant surtout à parfaire leur part de pillage et à le mettre en lieu sûr.

---

(1) Piémont, p. 22.

(2) Nous donnons ce récit d'après Eustache Piémont, bien que, d'après certains auteurs, entre autres Chorier *(Hist. du Dauph.)*, les choses se soient passées un peu différemment.

C'était tout ce qu'attendait Montbrun ; il s'avança avec « quinze cents hommes de cheval et de pié » et fondit tout à coup sur le Pont, le jour même de la Pentecôte, 30 mai 1574. Assaillis à l'improviste, les 500 hommes de garnison furent complètement taillés en pièces et, de leur nombre moins de 150 parvinrent à s'échapper. Trois des capitaines commandant les compagnies furent tués : Collomb, Bourchenu et la Saulne ; les deux autres, Bernard et Givray étaient absents. Quant aux habitants de Saint-Antoine qui perdirent la vie dans cette affaire, Piémont porte leur nombre à une douzaine, et il cite le nom de plusieurs (1), tués sans doute aux côtés du capitaine la Saulne, que nous avons déjà vu précédemment à la tête du contingent de notre bourg.

Avant de quitter le Royans, les huguenots de Montbrun s'assurèrent de la possession importante de deux postes fortifiés, Saint-André et le château d'Iseron.

Le capitaine Bouvier le jeune (2), établi chef de cette dernière place, ne put s'y maintenir longtemps. Assiégé presque aussitôt par quatre compagnies de gens de pied, il dut, après quelques jours, quitter les logis du château et se réfugier dans la tour. Alors, il offrit de se rendre ; mais pour ne pas tomber entre les mains des capitaines de gens de pied, il demanda expressément à être remis au marquis de la Chambre (Jean-Louis), qui commandait une compagnie de 250 chevaux, et se trouvait, en ce moment, à Saint-Antoine. Le marquis alla chercher lui-même son prisonnier, et revint demeurer encore onze jours dans le bourg, « à grands frais » pour les habitants.

Enfin, l'ordre du prince Dauphin étant venu à toutes

---

(1) « Bon Guilloz, le frère de Fayne, Camus du Griffon, fils de Bestat, Benoit Robert, La Chaise et aultres. » (p. 23.)

(2) Bouvier le jeune était le frère puiné du capitaine Bouvier, dont il a été précédemment question.

ses troupes, de se porter ensemble vers le Valentinois (1), le pays fut momentanément délivré du fléau de la guerre. Six mois s'écoulèrent ainsi en Dauphiné, dans une sorte de paix et, « ne se fit faction de guerre, dit agréablement Piémont (p. 26), sinon quelques petites courses les uns sur les autres. »

L'année n'allait cependant pas s'achever, sans que de nouveaux passages de troupes ne vinssent faire présager et causer de nouveaux malheurs. Pendant dix jours entiers, au mois de décembre, le bourg de Saint-Antoine eut à loger le régiment de Brissac, récemment arrivé de Piémont et conduit par le sieur d'Hautefort. Ce régiment comprenant 700 hommes et dix enseignes, rejoignait l'armée qui, sous le commandement des seigneurs de Bellegarde et de Gordes, allait tenter un second effort infructueux sur Livron (2).

Malgré l'insuccès de cette entreprise, de Gordes voulut conserver ses troupes, et il les distribua en plusieurs garnisons de la contrée, pour être entretenues aux frais des communautés voisines. Saint-Antoine contribua, pour plus de 2,500 livres, à la subsistance de la compagnie Maugiron établie à Chabrillans et à Marsanne ; pour environ 1,500 livres fournies à la compagnie du prince de Savoie (Charles-Emmanuel), campée à Saint-Marcellin, etc.

---

(1) Pour les sièges d'Allex, d'Aouste et de Livron, où le prince échoua, comme on sait, le 30 juin suivant. C'est probablement pour les frais de cette campagne que furent décrétés les rôles d'impositions dont parle le P. Hussenot (Inventaire, n° 695), à la date du 25 juin 1574, « pour fournir à l'entretien des troupes contre les huguenots : le chapitre et les officiers de l'abbaye (de Saint-Antoine) y étaient taxés à 250 livres. Le grand prieur, tant en son nom que du chapitre et autres, s'y opposa, alléguant les ravages des huguenots et remontrant qu'ils faisaient partie du clergé. Sa requeste fust communiquée le 18 juin et renvoyée au parlement lequel modéra la taxe à 50 livres. »

(2) Ce siège, qui dura plus d'un mois, fut levé le 29 janvier 1575, après trois assauts inutiles.

Ces impositions extraordinaires et répétées furent pour le bourg l'occasion de dettes considérables et, par suite, de profonds dissentiments à l'intérieur. Les consuls en charge, Georges Jassoud et Claude du Pinet, furent accusés de malversation des deniers publics, par un parti qui leur était hostile ; et, comme ces magistrats municipaux étaient, à cette époque, personnellement responsables des dettes contractées pendant leur administration, le consul Jassoud, plus particulièrement mis en cause et poursuivi, fut condamné à trois mois de prison. Les poursuites avaient été dirigées par les deux nouveaux consuls, Louis Ducroz et Jean Besche, dit Lambert, dont nous avons déjà vu le nom figurer si tristement dans les troubles de 1562. Ce Jean Lambert était protestant, et Piémont insinue qu'il avait bien d'autres motifs d'animosité contre les anciens consuls que les intérêts de la communauté, puisque les seuls frais de procédure s'élevèrent à plus de 6,000 fr. (1).

Il ne fallut rien moins, pour rétablir la concorde et l'union des esprits à Saint-Antoine, que le bruit de nouvelles courses des huguenots sur les bords de l'Isère, où ils s'efforçaient d'arrêter et de piller les bateaux descendant sur Romans et Valence. On craignait surtout, dans les régions de la rive droite, de les voir traverser la rivière, et « plusieurs communes y courroient pour y resister et deffendre les passaiges. De Saint-Antoine, continue Piémont (p. 38), nous y allions souvent de nuict et de jour, bon nombre d'arquebuziers et tambour battant... conduicts par le s[r] de Charny, gentilhomme de l'ordre de Saint-Antoine. Mesme la veille de la feste de Notre-

(1) Piémont, p. 33. Dans l'automne 1581, les habitants de Saint-Antoine eurent encore à s'imposer une taille pour payer 200 écus aux auditeurs de la Chambre des Comptes, Mrs Conton et Dupoille, qui avaient été chargés de reviser les comptes des deux anciens consuls. (*Ibid.*, p. 134.)

Dame de septembre 1575, led. sieur nous mena 45 à Rochebrune, et de là tout le long de la rivière à la Saulne (la Sône) où, estant arrivés quasy sur la nuict.., nous fimes descharger (des bateaux précédemment arrêtés en cet endroit par la crainte des huguenots), et après les avoir vuidés, craignant que l'ennemy ne s'en saisit feurent rompus au fondz et enfoncés quatre bateaux et deux penelles, qu'on estimoit deux cents escus. Les ayant rompus une heure de nuict, nous allames souper chez Léonard Chastein et couchames aud. lieu, et le lendemain, nous en revinmes à Saint-Antoine. »

C'était là, il faut l'avouer, une existence qui n'avait rien de monotone, pour les bourgeois armés de Saint-Antoine, et ces courses aventureuses de nuit et de jour, avec la perspective d'un coup de feu à donner ou à recevoir, ne devaient pas être sans charme pour plusieurs. Mais aussi comme ces habitudes de guérillas entre voisins, souvenirs des temps barbares, devaient préjudicier aux travaux de la paix, et combien, en définitive, ne devaient pas avoir à souffrir de cet état d'incertitude et de perpétuelle menace, les artisans, les cultivateurs et tout le menu peuple des campagnes !

Un instant pourtant (21 novembre), on crut la paix de nouveau rétablie, mais ce n'était qu'une trêve ; et encore cette trêve n'empêcha-t-elle pas le capitaine Chabanas de Die, de venir s'emparer par surprise du château d'Iseron (1).

---

(1) Le seigneur de ce château, chargé de le défendre depuis la reprise qu'on en avait faite sur le capitaine Bouvier, n'y entretenait qu'une garnison tout à fait insuffisante de dix paysans non exercés, et Chabanas put s'en emparer sans beaucoup de peine en escaladant une fenêtre, du côté le plus fort et qui n'avait pas été garni de sentinelles. (p. 40.) Ce Chabanas était un ancien boucher de Die transformé en capitaine huguenot et qui, après divers emplois militaires, obtint des lettres de noblesse et mourut vers 1632.

Cette proximité des huguenots, dans un endroit fortifié, sur les bords de l'Isère, constituait pour l'autre rive un danger permanent. Aussi, de Gordes se hâta d'y remédier, en faisant établir aussitôt, sur cette rive gauche, en face du château, un poste de quarante soldats La nécessité de défendre ce point et de le rendre infranchissable était si bien reconnue de tous, qu'au moindre bruit on y accourait des communes voisines, et Saint-Antoine y envoya bien souvent des hommes de garde. Le commandement du poste avait d'ailleurs été confié à un homme d'énergie autant que d'initiative, nommé la Rajasse, moitié soldat, moitié moine (1), et qui fit fort bien là « son debvoir. »

Au printemps de l'année suivante, 1576, le lieutenant-gouverneur de Gordes ayant eu à entreprendre le siège de Morestel, où s'était enfermé le sieur de la Robinière (2), les huguenots essayèrent d'une diversion et, notamment, feignirent de prendre des mesures pour traverser l'Isère. Cela fut cause qu'on renforça tous les postes de surveillance établis le long de la rivière, et le capitaine Guillermet, de Saint-Antoine, reçut mission spéciale de garder le port de Rochebrune.

Cette attitude purement défensive des catholiques n'était pas pour diminuer l'audace des huguenots, qui poussèrent parfois la bravade jusqu'à défier et insulter leurs adversaires d'une rive à l'autre de l'Isère. Un jour, c'était le dimanche 1er avril de cette année 1576, cinq compagnies protestantes du Royans qui venaient d'échouer devant Armieux, voulurent, en se retirant, se donner du

---

(1) C'était un carme, chassé par les huguenots, de son couvent de Beauvoir, et qui mettait maintenant au service des catholiques, des aptitudes extraordinaires pour le métier des armes. Il fut tué à son poste au printemps de l'année 1580.

(2) Frère de celui qui avait rassemblé les huguenots dans les bois de Chambarand en 1573.

moins la satisfaction d'effrayer les populations riveraines Pour cela, elles affectèrent de remonter tout le cours de l'Isère, enseignes déployées et tambour battant, jusqu'à Beauvoir. Là, ces ennemis feignirent même un instant de vouloir traverser la rivière ; mais un peuple nombreux, favorisé par la conjoncture du dimanche, était déjà accouru pour leur disputer le passage, et nous constatons encore, non sans quelque fierté, parmi cette tròupe de défenseurs, la présence en première ligne, de trente arquebusiers de Saint-Antoine, qui partagèrent l'honneur de concourir à la cessation de ces bravades (1).

La guerre en Dauphiné, durait ainsi, presque sans interruption, depuis trois ans déjà quand, au mois de juin 1576, on apprit officiellement qu'un nouvel édit de paix avait été signé et accordé entre le roi et son frère (2). Le lieutenant-gouverneur ne différa pas d'en faire bénéficier la province ; et, entre autres mesures, fit cesser la garde que l'on continuait toujours activement sur les bords de l'Isère ; de plus, il cassa par un décret toutes les compagnies extraordinaires, que la nécessité de la défense l'avait obligé jusque-là de maintenir sur pied. Ce fut, dans toute la région, un long soupir de soulagement « et chascun se retira, dit Piémont, en grande joye du peuple qui rendoit actions de grâces à Dieu. »

---

(1) Les huguenots s'en dédommagèrent les jours suivants : dans la nuit du 3 avril, ils s'emparèrent par surprise du château de la Jonchère, « estant gardé par un de Romans qui se saulva en chemise » ; deux jours après, les mêmes huguenots surprirent pareillement le château d'Hostun, dont les six paysans qui en formaient la garde furent passés au fil de l'épée. PIÉMONT, p. 43.

(2) C'était la paix dite de Monsieur, signée à Chastenay le 6 mai 1576, mais qui malheureusement ne devait pas durer.

CHAPITRE V (1576-1580)

TENTATIVE DES HUGUENOTS POUR INTRODUIRE LE CULTE RÉFORMÉ A SAINT-ANTOINE ; REPRISE DES HOSTILITÉS DANS LA PROVINCE ; VIF INCIDENT A SAINT-ANTOINE OU L'ON REFUSE LE LOGEMENT A DES TROUPES DE PASSAGE ; LES HABITANTS VONT PRÉSENTER LEURS HOMMAGES AU NOUVEAU LIEUTENANT-GOUVERNEUR, MAUGIRON ; LIGUE DES PAYSANS OU DES VILAINS DE LA VALLOIRE ; SIÈGE DE CHATEAUDOUBLE ; PRUDENTE ATTITUDE DE SAINT-ANTOINE DURANT TOUTE CETTE AFFAIRE ; MALENTENDU FACHEUX DONT LES SUITES COMPROMETTENT ASSEZ GRAVEMENT LA TRANQUILLITÉ DU BOURG.

Une des clauses du dernier édit de paix défendait aux protestants de faire leurs prêches dans les villes, les châteaux et les bourgades, sans la permission du seigneur du lieu. Malgré cette défense, les hérétiques de Saint-Antoine se crurent suffisamment autorisés par le seul fait que l'un des consuls, Jean Besche, dit Lambert, était du parti et, le dimanche 8 juillet, ils s'assemblèrent en sa maison pour « la prière générale ».

Un certain Pierre de Lahaye, autrefois cuisinier du grand prieur de l'abbaye, M. de Rux, et maintenant notaire, remplit provisoirement, ce jour-là, les fonctions de ministre; mais, pour le dimanche suivant, on fit venir du Vivarais, un ministre attitré, nommé Raphanel, qui séjourna au bourg environ un mois.

Cet état de choses, si manifestement en contravention avec la teneur de l'édit, ne pouvait se maintenir longtemps, à deux pas d'un monastère dont l'abbé était en même temps le seigneur temporel du bourg. Aussi, à peine informé du fait, l'abbé Louis de Langeac, du fond de sa lointaine villégiature (1), n'eut qu'à en manifester par lettre son mécontentement. Ce fut un ordre pour Raphanel qui, voyant d'ailleurs que les autres sujets catholiques du lieu ne prenaient plaisir à ses prêches, « prins congé de ceux qui l'avoient fait venir et s'en alla. »

Ces assemblées et prêches des huguenots de Saint-Antoine s'étaient faits dans une grange du consul Jean Lambert, située contre les murailles du château. Peu de temps après, cette grange s'écroula d'elle-même, comme pour faire disparaître jusqu'au dernier souvenir de ces prêches qui, depuis, ne furent plus jamais renouvelés « par ministre en lad. ville. »

Il y avait à peine six mois que la paix avait été proclamée, et déjà les chefs huguenots, sous divers prétextes, fomentaient la révolte dans tout le royaume. Lesdiguières, successeur de Montbrun (2), à la tête du parti en Dau-

---

(1) Louis de Langeac ne fit, en effet, que de rares apparitions dans son abbaye et fut occupé durant presque tout le temps de son long gouvernement, soit à la cour de France, soit à la suite de quelque autre prince. Il ne se désintéressait cependant pas entièrement de ce qui touchait à la conservation de ses privilèges à St-Antoine. Ainsi, en 1565, il signe en qualité d' « ausmonier de Sa Majesté » une procuration en faveur de « frère Charles Anisson, Séverin Boffin, Antoine de Riveroles et Claude de Falco, religieux de cet ordre pour assister en son nom aux Estats généraux de Dauphiné qui se doivent tenir l'an 1565, luy ny pouvant assister pour estre empéché auprès la personne du Roy. » Cf. *Inventaire des titres*, n° 422.

Une autre fois et vraisemblablement pendant un de ses séjours à l'abbaye, il obtient, par sentence du vibailly de Saint-Marcellin, d'être « maintenu dans le droit de percevoir les langues de bœufs et de vaches qui se tuent et escorchent dans la boucherie de Saint-Antoine. » Cf. *Inventaire* Hussenot, n° 705.

(2) Fait prisonnier à la bataille du pont de Blacons, Montbrun qui avait encore à son passif des injures personnelles contre le roi de France, fut jugé et, à la grande colère de ceux de son parti, décapité à Grenoble le 13 août 1575. Lesdiguières (François de Bonne, seigneur de Desdiguières, plus connu sous le nom de Lesdiguières) qui lui succéda, parvint, par son énergie et la souplesse de son caractère, à la

phiné, surexcitait les esprits et commença même à diriger plusieurs incursions sur le Royans. Le 4 janvier 1577, une troupe conduite par le capitaine Bouvier, le même que nous avons vu amené prisonnier d'Iseron à Saint-Antoine, s'empare du château d'Armieux, dont le seigneur trop confiant aux édits de paix se laissa surprendre. Les huguenots firent d'autres tentatives, heureusement sans succès, contre le château d'Iseron et contre la tour de Saint-Nazaire sur le pont de la Bourne, où commandait le sieur Aymar de la Cardonnière (1).

C'était donc, de nouveau, la guerre ouverte; et, pour les pays qui, comme Saint-Antoine n'en étaient pas immédiatement le théâtre, c'était au moins une nouvelle série de contributions fort onéreuses, accompagnées de ces logements de troupes toujours si redoutés.

Le 15 juin, la compagnie de gens d'armes de M. le duc de Savoie (Emmanuel-Philibert), descendant en Languedoc, approchait de Saint-Antoine. Son maréchal des logis, le sieur de Poïpon, l'a précédé dans le bourg avec sept soldats et demande à faire les billets de logement. Les officiers municipaux veulent, qu'au préalable, le maréchal des logis montre sa commission, mais lui, « mettant la main sur son épée, dict : la voicy. » Cette insolence méritait correction, et les officiers du bourg n'hésitèrent pas à l'infliger, en mettant aussitôt dehors Poipon et ses hommes. Puis, sans attendre l'arrivée de la compagnie entière, ils se hâtèrent de barricader solidement la porte. Il pleuvait alors à verse, « le gros d'un doigt, » dit Piémont ; on n'en fut pas moins inexorable, et les soldats

---

plus haute fortune, jusqu'à devenir successivement lieutenant-général, maréchal de France, duc et pair et enfin connétable. Né en 1543, il mourut le 21 septembre 1626.

(1) Neveu du P. Charles d'Arzag, religieux de Saint-Antoine, dont nous aurons bientôt à raconter le martyre.

de la compagnie durent s'en aller chercher un gîte jusqu'à Montmiral. Ils ne purent que défiler sous les murs de Saint-Antoine, en proférant des menaces de vengeance avec promesse de revenir bientôt les mettre à exécution. Cette menace fut cause que pendant quatre jours, on fut en armes à l'intérieur du bourg ; et, afin de s'assurer, en cas de besoin, l'appui de l'autorité supérieure, un exprès fut dépêché à Grenoble, pour rendre compte de l'incident à de Gordes. Celui-ci approuva tout ce qui avait été fait, ajoutant même « qu'il eust voulu et désiré que les eussions bien battus, et nous donna lettre ne recepvoir personne pour loger, sans expresse commission de luy (1). »

Fort de cette approbation, le bourg se mit à veiller, plus résolument que jamais, à la conservation de ses droits ; et, quand deux mois après, la même compagnie, revenant de Languedoc, se présenta de nouveau sous ses murs, les habitants étaient solidement retranchés derrière leurs portes fermées, et les soldats, pour se loger, durent pousser jusqu'à Chevrières.

La fin du mois de juillet vit la reprise, par de Gordes, du château d'Armieux. L'assaut en fut des plus sanglants, et coûta au vainqueur de très nombreux blessés qu'on distribua ensuite dans les communautés voisines. Saint-Antoine en reçut treize pour sa part, avec la charge de les nourrir et de les panser (2). Ensuite, ce fut la compagnie entière du sieur de Monjoz qui vint s'installer durant un mois « pour se rafraischir », et dont la mauvaise conduite occasionna dans le bourg des querelles et des rixes avec les habitants. Il fallut, pour se délivrer de cette

(1) Piémont, p. 51.

(2) Parmi les autres blessés à ce siège se trouvait un certain capitaine Rochefort de Miribel, qui s'en vint mourir à St-Marcellin et dont le corps fut ensuite transporté à Saint-Antoine pour être enterré dans la grande église « en l'honneur de capitaine. » (p. 53.)

troupe mutine, lui compter « 600 livres, ce qui est 200 escus ».

Malgré la publication d'un nouvel édit de pacification, au mois d'octobre de cette même année 1577, les protestants du Dauphiné maintenaient toutes leurs prétentions et demeuraient sur la défensive en leurs garnisons. Le lieutenant-gouverneur commença pourtant à désarmer et à casser toutes les compagnies extraordinaires, et cela pour donner confiance aux huguenots en les encourageant à faire de même. Cette mesure réussit au delà des espérances : les partis ne tardèrent pas à se rapprocher, et « tout incontinent l'on traficqua les uns avec les autres. »

Dans le but d'affermir encore cette paix, de Gordes venait de donner rendez-vous à Lesdiguières dans une assemblée convoquée au Buis, dans la Drôme, quand il mourut à Montélimar, le 22 février 1578. Il eut pour successeur, en mars de la même année, Maugiron, qui avait déjà présidé deux fois au gouvernement de la province et qui succédait ainsi à celui dont il avait été le prédécesseur (1).

Le nouveau lieutenant-gouverneur, après un mois environ de séjour à Grenoble, se mit en route pour Romans; et, partout sur son passage, recevait les félicitations du peuple, avec des souhaits de bienvenue. Dès que le bourg de Saint-Antoine apprit son approche, il se hâta de lui envoyer une députation composée de deux notables, et une escorte de soixante arquebusiers commandés par le capitaine la Rue (2). La présentation eut lieu sur le grand chemin de Saint-Lattier, en face de Ballan, par où défilait

(1) Une première fois en 1554 ; la deuxième, ainsi que nous l'avons vu, en 1562.

(2) Ce capitaine qui est maintenant à la tête de la milice de Saint-Antoine et que nous aurons souvent occasion de retrouver avec la même fonction, était de St-Antoine même. Il avait rempli, deux ans auparavant, la charge d'enseigne dans une compagnie de cent hommes, que le capitaine la Saulne formait aux Fauries. (Piémont, p. 19.)

le cortège du gouverneur. Celui-ci entendit et accepta, avec promesse en retour, toutes les offres de services que lui présentèrent les notables de Saint-Antoine ; après quoi il se rendit avec eux à Saint-Paul, pour dîner, et fit honneur avec sa troupe aux provisions de bouche offertes par ces derniers, savoir : « un coq d'Inde, six chapons, une douzaine de poulets et deux levraults. » Eustache Piémont, qui nous donne ces détails et qui est si bien renseigné sur le menu de ce dîner, pourrait bien avoir été un des deux notables députés par la ville de Saint-Antoine.

L'année qui s'annonçait sous d'aussi heureux auspices, allait cependant voir éclater autour de nous, la formidable insurrection des *vilains* ou ligueurs dauphinois, dont les désordres ajoutèrent tant, aux autres malheurs de la province. On sait quel fut le point de départ ou le prétexte de ce soulèvement : l'entretien presque continuel de troupes à la charge du peuple, la tyrannie exercée à cette occasion par certains hommes de guerre, enfin et surtout, les impositions toujours croissantes.

Les Etats généraux tenus à Grenoble, en août 1578, ayant encore imposé de nouvelles tailles extraordinaires, mirent par là le comble au mécontentement des esprits. Après une dernière réclamation pacifique, les populations de la région de Valence, qui étaient les plus surexcitées, résolurent de faire valoir elles-mêmes leurs plaintes, les armes à la main ; dans ce but, elles se formèrent en fédérations isolées, dont l'ensemble fut compris sous la dénomination générale de ligue (1).

(1) Cette première ligue n'a guère de commun que le nom avec celle que nous verrons organisée plus tard dans toute la France, pour soutenir le principe catholique et repousser du trône le prince hérétique qui s'efforçait d'y monter. Nous donnerons toutefois à ses partisans, à la suite de Piémont, le nom de ligueurs, bien qu'on les aient plus généralement désignés sous les noms de *vilains* ou même de *liguaires*, pour éviter de les confondre avec les ligueurs proprement dits, adversaires d'Henri IV.

Cette association de résistance, commencée à Montélimar, s'étendit bientôt à Valence, puis à Romans, en février 1579. Elle prit même, dans cette dernière ville, les proportions inquiétantes d'une véritable révolution, au point que les magistrats ordinaires furent remplacés par d'autres choisis par le peuple, et le commandement militaire donné à un simple citoyen, Jean Serve, dit Pommier, marchand drapier de son état.

Pour témoigner ensuite de leurs bonnes intentions et du désir qu'ils avaient de contribuer à la délivrance du pays, les ligueurs de Romans se mirent à préparer une expédition contre un certain bandit, du nom de la Prade qui, de sa forteresse de Châteaudouble, jetait la terreur dans les environs et rançonnait impitoyablement tous ceux qui passaient à sa portée. Les communautés de la Valloire, du Valentinois et du Viennois, furent invitées par les Romanais à prendre part à leur expédition, et l'affluence des partisans ainsi réunis fut, paraît-il, considérable. Mais le bourg de Saint-Antoine était trop bien conseillé et dirigé, pour tremper dans une affaire non reconnue par l'autorité et qui avait, dès lors, toutes les apparences d'une rébellion ; en conséquence, nos magistrats refusèrent de se rendre à l'invitation de Romans et n'envoyèrent personne.

Cependant l'entreprise contre Châteaudouble, commencée sans l'assentiment du lieutenant-gouverneur, avec des troupes mal disciplinées et sans artillerie, ne faisait que traîner en longueur. La Prade résistait avec énergie et les assiégeants, après trois semaines d'efforts inutiles, voyaient leurs rangs éclaircis chaque jour par la désertion. Un échec humiliant pour la cause catholique était à prévoir, quand la prompte intervention du lieutenant-général vint, bien à propos, changer la situation. Maugiron, en effet, saisit ce moment pour régulariser en quelque sorte le soulèvement des Romanais : il déclara qu'il faisait sienne l'entreprise de Châteaudouble, et écrivit dans ce sens aux communautés de la région pour réclamer leur concours.

Alors seulement, le bourg de Saint-Antoine se décida à fournir son contingent au siège, et le capitaine la Rue fut chargé d'y conduire « dix soldats des plus signalez (et) bien armez. »

De plus, comme Maugiron avait fait expédier de Grenoble son artillerie, par l'Isère, et qu'il craignait que ce convoi ne fût arrêté au passage par les huguenots du Pont, il envoya un ordre exprès aux châtelain et consuls de Saint-Antoine d'envoyer garder le port de Rochebrune. Ce poste, on s'en souvient, avait été plusieurs fois déjà confié à la vigilance de notre milice communale; comme il s'agissait, pour cette fois en particulier, d'une mission importante, on s'y rendit en forces. « Nous y allames bien soixante, dit Piémont, le tambour battant et y couchames, commandant lors en la tour de Saint-Nazaire pour les catholiques, M. de Parnans » (p. 69).

Quelques jours après, l'artillerie attendue par Maugiron pouvait lui arriver sans encombre, et décidait promptement de la prise du château (1).

La fin de cette année 1579 et le commencement de l'année suivante furent remplis par les réclamations des ligueurs, qui continuèrent à manifester en armes, sur plusieurs points du Bas-Dauphiné. Dans les commencements, ils s'étaient bornés à demander que le peuple fût délivré des troupes, et que le clergé et la noblesse contribuassent pour leur part, aux dépenses nécessitées par la défense du pays. Mais ce ne fut là bientôt plus qu'un prétexte. « Par suite de l'esprit de révolte qui soufflait alors par-

(1) La Prade, suivant Piémont, put s'échapper; d'après Chorier, au contraire (*Hist. gén. du Dauph.*, II, p. 657), il dût se rendre à discrétion et fut exécuté.

tout, quelques meneurs populaires s'emparèrent du mouvement qui, dès lors, sortit des voies légales pour tomber dans la licence et le désordre; il y eut même une sorte de *jacquerie* contre laquelle réagirent la noblesse et la bourgeoisie, et que réprima sévèrement (à Romans) une commission envoyée par le parlement (1). » Traqués de toutes parts, les derniers débris de cette ligue ne devaient pas tarder à disparaître, en se confondant avec les huguenots.

Saint-Antoine eut toujours la prudente précaution de se tenir en dehors du nouveau parti ; et quand, vers le mois de février 1580, l'insurrection donnait son plein du côté de la Valloire, une assemblée publique fut tenue dans notre bourg, où « l'Eglise, la noblesse et le tiers-estat » jurèrent de se défendre mutuellement et de maintenir leur ville sous l'autorité du roi. Puis, de peur que cette attitude résolue ne fût mal vue en haut lieu, ou même prise pour une rébellion dissimulée, on se hâta d'en informer la commission de Romans, et de se munir d'une autorisation écrite, qui fut accordée par le lieutenant de Maugiron, M. de Saint-Jullin (2).

Les choses paraissaient donc bien composées pour assurer la tranquillité du bourg, quand un malentendu faillit tout compromettre, et menaça de faire englober nos paisibles habitants, dans les mesures de répression infligées aux révoltés. Un nommé le capitaine Cussinel, de Moras, à qui la communauté de Saint-Antoine devait six cents francs, était venu pour réclamer cet argent et s'était logé à l'auberge de la *Croix-Blanche*. Ce capitaine était un des ligueurs de la Valloire ; et comme, dans ce dernier

---

(1) Dr Chevalier, *Annales de Romans*, p. 158.

(2) Gabriel de La Poype, seigneur de Saint-Jullin, lieutenant de la compagnie Maugiron.

soulèvement, « certaine supercherie » avait été faite au sieur de Cherinel, beau-frère de M. de Miribel, notable de Saint-Antoine (1), celui-ci crut l'occasion favorable pour tirer compensation du préjudice causé à son parent. Il fit donc secrètement avertir la maréchaussée de Romans, en même temps qu'il prenait sur lui de mettre Cussinel en état d'arrestation.

Les autres habitants du bourg, outrés d'un tel procédé qui violait autant les lois régulières de la justice que celles de l'hospitalité, s'assemblèrent le lendemain, au point du jour, et firent tant, auprès de M. de Miribel, qu'à la fin celui-ci dut laisser partir Cussinel en liberté.

Deux ou trois heures s'étaient à peine écoulées, qu'on voyait arriver de Romans le prévôt des maréchaux et M. de Saint-Jullin, escortés d'une compagnie de soldats. A l'approche de cette troupe, le tambour bat l'alarme à Saint-Antoine et « on se deslibéra, dit Piémont, de ne laisser entrer en si grand nombre. » M. de Saint-Jullin eut seul, après un assez long moment d'attente, la permission de franchir l'enceinte; mais ayant alors appris la mise en liberté de l'ancien ligueur Cussinel, il refusa d'entrer. Peut-être soupçonna-t-il les habitants d'être ligueurs eux-mêmes, car il leur reprocha amèrement les précautions prises à la porte contre les officiers du roi, et surtout le bruit du tambour qui avait signalé leur

(1) M. de Miribel (Sébastien de Monteux) était fils du célèbre Jérôme de Monteux, médecin et conseiller des rois Henri II et François II. Jérôme, après avoir commencé sa carrière à St-Antoine, revint y passer les dernières années de sa vie et mourut en 1560, laissant six filles et un seul fils, Sébastien, qui hérita du nom et de la seigneurie de Miribel. C'est la sœur cadette de Sébastien, Anne, qui était mariée au sieur de Cherinel, Jean de Fay; une autre de ses sœurs, Claude, qui fut son héritière universelle en 1584, avait épousé Guigue-Antoine de Rostaing que nous verrons établi à Saint-Antoine et jouer un rôle important dans les affaires de la communauté. Cf. H. DE TERREBASSE, *La vie et les œuvres de Jérôme de Monteux*.

approche ; il ajouta sur un ton comminatoire « qu'on ne se pouvoit excuser de faute punissable. »

En vain lui fit-on réponse, que le désir des habitants avait toujours « esté de conserver eux et leur ville à l'obeyssance du roy, » comme ils l'avaient d'ailleurs bien montré jusque-là, par leur conduite ; que l'appel du tambour ne devait pas leur être imputé à crime, puisque, dès le moment de l'organisation de la défense chez eux, ils avaient coutume d'en battre, aussitôt qu'on apercevait au loin quelque compagnie d'hommes de guerre ; enfin, pour ce qui est du retard qu'on avait mis à lui ouvrir la porte, il fallait l'attribuer uniquement à l'absence du chef du corps de garde, le caporal Eymard Mignon, qui seul avait les clefs, et qui, aussitôt prévenu, s'était empressé de venir ouvrir.

Cette dernière excuse des habitants, qui rejetaient la fermeture de la porte sur le compte d'un malentendu et du retard involontaire du caporal de garde, n'était peut-être pas tout à fait conforme à la vérité, puisque dès auparavant, nous a dit Piémont, *ils s'étaient deslibérés*. Quoi qu'il en soit, M. de Saint-Jullin fut loin d'accepter ces explications : il fit faire une constatation par le greffier (1) qui accompagnait le prévôt et se retira, emportant de plus un acte où M. de Miribel avait consigné les noms de tous ceux dont il affirmait avoir à se plaindre.

Bientôt après, la commission du parlement qui siégeait toujours à Romans, pour la répression des excès de la ligue, était saisie de cette affaire ; elle ordonnait que tous ceux qui étaient nommés dans l'acte de M. de Miribel « seroient adjournés personnellement à comparoistre par devant elle ; » et, pour hâter l'exécution de cet arrêt, envoyait de nouveau M. de St-Jullin, le dimanche 13 mars,

(1) Ce greffier avait nom Faguelle et était « enfant de Saint-Antoine. » (P. 96.)

avec le prévôt et trois compagnies de gens de pied. Prévenue à temps de leur approche par « aulcuns bons amis advant courreurs, » la ville ouvrit, cette fois, ses portes toutes grandes aux représentants de l'autorité ; et, la troupe entière étant entrée, le prévôt s'installa pour commencer immédiatement ses procédures.

Cependant le bourg voulut encore essayer des explications, et les fit porter à Romans, le jour même, par un des religieux les plus considérables de l'abbaye, le Père François Roy, et par M. le capitaine la Rue ; mais la cour ne voulut rien entendre, et ordonna à son prévôt de poursuivre l'enquête et d' « annoter les biens. »

Il ne restait plus aux malheureux habitants de Saint-Antoine qu'une seule chance de salut : c'était d'avoir recours au lieutenant-gouverneur lui-même. Sans tarder davantage, cette délicate mission est encore confiée à un religieux du monastère, M. le commandeur de Charny qui, accompagné du sieur Eymar Mignon, part aussitôt pour Vienne, où se trouve M. de Maugiron. Enfin, nos députés sont assez heureux pour voir leurs explications et leur requête favorablement accueillies : le bourg pourra continuer la garde de son enceinte, et ordre est donné à la commission de Romans d'arrêter les poursuites commencées.

Muni de la lettre qui contenait ces assurances, M. de Charny reprit en toute hâte le chemin de Saint-Antoine, et fit une telle diligence qu'il y arrivait le mardi matin, 15 mars. Aussitôt, et malgré la présence du prévôt et du greffier qui ne voulaient « supercidder » que devant un ordre émané de leurs chefs immédiats, le bourg voulut user sans délai de la liberté si péniblement reconquise : le tambour battit donc de nouveau et convoqua les citoyens à la garde des remparts.

Le même jour, cinquante hommes armés, parmi lesquels était notre annaliste, sortaient de Saint-Antoine en reconnaissance, et poussaient jusqu'aux portes de Beauvoir, « pour voir quelle mine faisoient les huguenots. » Là ils constatèrent que plusieurs de la ligue avaient déjà passé la rivière ; que le château récemment tombé aux mains des huguenots leur servait de retraite, et que le capitaine Bouvier travaillait à s'y fortifier. Ils apprirent aussi « que la ligue soubs le commandement du capitaine Lapierre s'assembloit à Roybon, pour saisir Moras ou Saint-Antoine. » Cette nouvelle fit promptement revenir la petite troupe d'éclaireurs et on fit une « si bonne garde » au bourg, que les ligueurs préférèrent prendre la direction de Moirans.

Dans l'intervalle, M. de Charny s'était rendu à Romans, et, sur la présentation de la lettre du lieutenant-gouverneur, obtint sans peine du parlement, la cessation des poursuites contre Saint-Antoine et le rappel du prévôt.

Ainsi se terminait heureusement cet incident qui, commencé par l'acte arbitraire d'un particulier suivi d'un malentendu, s'était envenimé peu à peu, par la rancune méchante de cet homme et la susceptibilité jalouse des pouvoirs publics. Piémont, à ce propos, juge très sévèrement la conduite de M. de Miribel, et il n'hésite pas à attribuer à un châtiment providentiel, la mort violente dont il fut peu de temps après la victime (1).

---

(1) « ... S'estant rendu ennemy de ses voisins et recherchant d'en tuer un, il receut luy-mesme un coup d'arquebuze aux reins le 22 decembre 1581, duquel coup il mourust 22 jours après sa blessure... Dieu luy pardonne ses faultes. » (P. 136.)

CHAPITRE VI (1580).

Huguenots et ligueurs retranchés a Beauvoir menacent la région de Saint-Marcellin ; Maugiron, aidé des milices communales, tente inutilement de les forcer ; cet insuccès rend les rebelles plus entreprenants. — Leurs courses aux environs et dans Saint-Antoine ; meurtre du P. Charles d'Arzag de la Cardonnière, vengé presque aussitot sur les coupables. — L'armée de Mayenne vient purger la région de ces coureurs, et s'empare des deux forts de Beauvoir.

Nous venons de voir le château de Beauvoir occupé à la fois par les huguenots et par les ligueurs ; ces derniers, en effet, depuis que leurs affaires avaient pris si mauvaise tournure, s'étaient rapprochés peu à peu des protestants, et faisaient maintenant cause commune avec eux. Cette fusion était d'ailleurs tout à l'avantage des huguenots qui, assez bien contenus jusqu'ici, au delà de l'Isère, allaient pouvoir étendre leurs courses dans les régions occupées par leurs alliés, et pénétrer ainsi en plein cœur du pays viennois.

Dans le but de prendre pied plus facilement encore sur la rive droite, le capitaine Bouvier, non content de se fortifier à Beauvoir, se mit à construire un retranchement « de terre et de fascines », de ce côté de la rivière, en face du château. En même temps, il faisait occuper par ses soldats la maison forte de Saint-Alban et le prieuré de la Sône.

A ces nouvelles, Maugiron, qui achevait à Vienne la formation de l'armée destinée à réduire les derniers restes de la ligue des vilains, craignit que les révoltés ne s'emparassent aussi des ouvrages défensifs de Saint-Antoine. Il envoya l'ordre de les démanteler : « a quoy fust obéy, » dit mélancoliquement Eustache Piémont (p. 101), et les portes fortifiées de l'enceinte, si non l'enceinte elle-même, tombèrent une seconde fois sous le marteau des démolisseurs.

Le bourg, désormais ouvert, ne pouvait plus servir de refuge aux dissidents ; mais, du même coup, les habitants se voyaient livrés à la merci de tous les maraudeurs ennemis. Il ne leur restait qu'une dernière « asseurance » dans le cas d'un danger pressant : c'était l'enceinte même de l'abbaye, où d'épaisses murailles et la tour du cloître pouvaient, au besoin, les couvrir. M. le commandeur de Charny (1) qui continue à se montrer l'organisateur et l'âme de la défense à Saint-Antoine, se hâta d'y établir une surveillance active, avec une garde indiscontinuée « de nuict et de jour ». Puis, comme il fallait aussi se préserver à distance, et que Saint-Marcellin était plus immédiatement menacé, on fit droit à une requête du commandant de cette ville, M. de l'Arthaudière, André de La Porte, et on lui envoya de Saint-Antoine, un renfort de 45 arquebusiers ; ceci se passait le mercredi avant les Rameaux, 23 mars 1580.

Deux jours après, l'armée de Maugiron, forte d'environ mille chevaux et trois mille hommes de pied, atteignait à Moirans et taillait en pièces, sans beaucoup de peine, la troupe confuse et mal commandée des ligueurs. Mais, dès avant l'attaque, le capitaine Bouvier qui en prévoyait l'issue fatale, avait été choisir, parmi cette troupe, environ 500 hommes, des plus braves, et les avait emmenés à Beauvoir, autant pour activer les travaux de défense des deux forts (2) que pour en assurer la défense proprement dite.

---

(1) C'est ainsi que nous continuerons à désigner, à la suite de Piémont, le P. Michel de Saint-Jullien, religieux antonin, commandeur de Charny, au diocèse d'Autun, mais résidant à Saint-Antoine où il était recteur des chapelles de N.-D. de Pitié et de Consolation, autrement dites « le petit et le grand Boutiers ».

(2) C'est-à-dire le château de la rive gauche de l'Isère, et le fortin nouvellement commencé sur la rive droite.

La position de Beauvoir devint ainsi, en peu de temps, un retranchement solide, si non peut-être le plus ferme boulevard des partis révoltés dans la région. Et comme il était à prévoir que Maugiron tournerait bientôt de ce côté la suite de ses efforts, les chefs qui commandaient au château (1) s'empressèrent d'y concentrer leurs forces : les postes de Saint-Alban et du prieuré de la Sône, notamment, furent abandonnés par eux et livrés aux flammes.

Maugiron, en effet, ne fut pas long à paraître : dès le mercredi de la semaine sainte, il était à Saint-Marcellin avec son artillerie, et faisait aussitôt reconnaître le château par cinquante cavaliers et vingt-cinq arquebusiers. Eustache Piémont, notre annaliste, était probablement dans cette troupe d'éclaireurs : « allames droict au fort, dit-il, (p. 102), lequel fust recogneu par le capitaine Annet, à qui on tua son cheval soubs ses jambes, prenant ses pistolets se retire à nous, et après nous fit le seigneur de Maugiron retirer le petit pas. »

Le même jour, 500 chevaux et 500 arquebusiers, commandés par Maugiron en personne, essayèrent de forcer la place ; ils furent repoussés avec perte. Une deuxième tentative où l'armée tout entière se trouva engagée, ne fut pas plus heureuse. Deux pièces de canon dont les assaillants s'étaient appuyés ne firent d'autre mal aux ennemis que celui de leur « rompre » un des bateaux, au moyen desquels les huguenots du château s'efforçaient de venir « rafraischir ceux du fort ». Ce dernier trait montre qu'il ne s'agissait encore que de l'attaque du fortin de la rive droite, et non du château de Beauvoir lui-même, où se

(1) C'étaient les capitaines Bouvier (le texte de Piémont permet de supposer que c'était toujours Bouvier le jeune), Antoine Faure, s[r] de Vercors, et le seigneur d'Allières. Ce dernier était le fils du s[r] d'Allières que nous avons vu, en 1574, commander les milices communales dans l'expédition avortée contre Pont-en-Royans.

tenait le gros des forces ennemies, et dont l'accès était d'ailleurs impossible, tant que le précédent ouvrage n'aurait pas été réduit.

Ce double insuccès de plusieurs milliers d'hommes contre un simple retranchement « de terre et de fascines » eut un effet déplorable sur le moral des troupes. Les soldats étrangers, surtout, manifestèrent leur mécontentement ; ils refusèrent même de continuer le service, sous le beau prétexte qu'ils n'étaient venus que contre les ligueurs et non contre les huguenots. Piémont a bien soin de remarquer que ces plaintes et mutineries étaient le fait des soldats *étrangers*. Pour ce qui est, en effet, des milices auxiliaires fournies par les communautés voisines, elles avaient trop à cœur la disparition de Beauvoir, refuge de leurs plus mortels ennemis, pour être ainsi victimes d'un découragement aussi peu réfléchi que raisonnable. Mais le lieutenant-gouverneur n'avait pas une autorité assez immédiate sur ces troupes ; il dut céder à l'insubordination des chefs subalternes qui les soutenaient, et ordonna la retraite.

Cette campagne incomplète contre les vilains unis aux protestants avait été, en définitive, tout à l'avantage de ces derniers. La garnison de Beauvoir, en particulier, pouvait être fière d'avoir tenu en échec l'armée royale, et nous allons voir qu'elle ne manquera pas l'occasion de s'en prévaloir, en manifestant son insolence dans les environs, par des courses et des rapines de plus en plus fréquentes.

Jamais peut-être, depuis le commencement des guerres religieuses, les populations des campagnes voisines de Saint-Marcellin n'avaient été aussi exposées. Ce n'était plus seulement, comme au temps du baron des Adrets, les ravages des bandes ennemies, groupées, en armée régulière ; de nombreuses troupes de pillards, maîtres absolus maintenant de la région, pouvaient s'y livrer, sans frein et sans le contrôle d'une autorité quelconque, à toutes espèces de rapines et de brutalités. Tout le pays viennois était désormais, pour ainsi dire à leur merci ; « ils couraient librement, dit Piémont (p. 105), tenant les bois, faisant toutes sortes de pilleries sur le peuple, de mesme chez les gentilshommes, de sorte qu'enfin nul n'a été exempt de pillerie. »

Aussitôt après son départ de Beauvoir, Maugiron avait fait le « despartement » de son armée. Saint-Antoine s'était vu assigné, comme lieu de résidence provisoire, au régiment du sieur de l'Hôpital, Louis, seigneur de Vitry. Or, durant les 14 jours que cet officier demeura au bourg, il fut presque constamment à courir sus aux pillards huguenots et ligueurs, dans les environs. Un jour, il doit se porter sur Murinais, avec la moitié de son régiment pour délivrer le château de la Balme (1) ; ensuite sur le château de l'Arthaudière, dont il ne put chasser les huguenots (2) ; deux jours après, il se rendait, avec deux cents arquebusiers, au château de la Tourne, près de Montagne, pour aider son *sergent-major*, le capitaine Cornet, à en expulser les bandits qui l'occupaient (3).

Une autre fois, quatre jours seulement avant que le régiment de l'Hôpital quittât définitivement Saint-Antoine, ses commis aux subsistances étaient allés au Grand-Serre, avec une trentaine d'arquebusiers, pour lever des arriérés de contributions dues à l'entretien des troupes. A leur retour, ils ramenaient du bétail et seize setiers de blé, quand

(1) Le château de la Balme, actuellement de Murinais, avait été occupé par un chef de partisans, nommé Michel, dont les soldats faisaient la désolation du pays.

(2) Les huguenots lui tuèrent un homme, et craignant probablement, pour les jours suivants, un retour en force, ils abandonnèrent, deux jours après, le château après y avoir mis le feu « qui fust grand dommage » (p. 104).

(3) Cette garnison ne se composait pourtant que de six huguenots : deux de ces ennemis ayant été tués « par les fenestres », les autres se rendirent « la vie saulve ».

soudain, à la descente de Montrigaud, une bande de ligueurs fond sur eux et les disperse, après en avoir tué plusieurs. Six chevaux et deux ânes, avec leur charge, demeurèrent entre les mains des brigands, qui les emmenèrent, la même nuit, au château de Beauvoir. Aussitôt la nouvelle de cette agression connue à Saint-Antoine, le régiment se hâta d'envoyer un secours de cent arquebusiers, mais ces soldats arrivèrent trop tard ; ils ne purent que constater le fait accompli, et revinrent, escortant seulement le chef du convoi, le capitaine Tyllins, qui avait pu se réfugier à Montrigaud, et s'y était maintenu jusque-là solidement « barriqué » (1).

Le départ du régiment de l'Hôpital s'effectua le 14 avril, au grand soulagement de nos habitants, pour lesquels, les logements de troupes étaient toujours, et de plus en plus, la plus insupportable des contributions. Le lendemain, qui était le vendredi de Quasimodo, il y eut une vive rumeur dans tout le pays : Lesdiguières en personne, avec 1,500 hommes, tant huguenots que ligueurs, avait traversé l'Isère à Beauvoir, et après une démonstration du côté de Saint-Marcellin, s'était avancé jusqu'à Chevrières (2). L'objectif du chef huguenot, dans cette pointe en avant, était de s'opposer à la marche victorieuse de Mandelot, lieutenant-général au gouvernement du Lyonnais, qui venait d'occuper le territoire de Moirans. Mandelot n'ayant pas osé se mesurer avec Lesdiguières, celui-ci se replia, à son tour, sur le Royans par Saint-Quentin, après avoir organisé les gardes de ce château, de celui d'Iseron et de la tour du pont de la Bourne, à Saint-Nazaire, nouvellement retombée aux mains de son parti.

---

(1) Piémont, p. 104.

(2) Videl ne parle pas de cette incursion de Lesdiguières et donne même à entendre que celui-ci ne franchit pas l'Isère. (Note de M. Brun-Durand.)

Tout le cours de l'Isère était donc maintenant au pouvoir des protestants, et cela créait une situation d'autant plus critique, au bourg de Saint-Antoine, que, privé de ses fortifications, depuis le dernier ordre de démantellement donné par Maugiron, il était comme livré d'avance à toutes les tentatives des insurgés de Beauvoir. Le seul endroit défendable en cas d'alarme était, comme nous l'avons dit, l'enceinte de l'abbaye ; aussi, ne manquait-on pas de s'y réfugier, chaque fois qu'un avis, vrai ou faux, donnait à craindre l'apparition des huguenots du fort (1). Peu de jours, d'ailleurs, pouvaient se passer sans qu'on apprît quelque nouvelle incursion de ces bandits dans la région, et les sentinelles chargées de la sécurité du bourg, devaient être perpétuellement sur leur garde. Il arriva pourtant que leur vigilance fut prise en défaut et qu'on se laissa surprendre.

C'était au lendemain de l'élection de deux nouveaux consuls (Antoine Fay et Sébastien Clôt), le lundi 4 juillet : au point du jour, une troupe d'environ 140 huguenots ou ligueurs des forts de Beauvoir, dont trente à cheval, arrivèrent si secrètement auprès de Saint-Antoine, qu'ils y entrèrent sans rencontrer d'obstacles. Les cavaliers ouvraient la marche, l'un d'eux portant comme trophée, ou peut-être comme laissez-passer, la casaque ornée de croix blanches d'un seigneur catholique des environs, récemment tombé en leur pouvoir (2).

---

(1) Notamment « le jour de la Feste-Dieu (2 juin), à Saint-Antoine, nous eumes advertissement que les huguenots et les liguaires du Roïans avoient desliberé de nous surprendre à Saint-Antoine, qui nous fit un peu tenir coy dans le couvent » (p. 108).

(2) C'était le seigneur du château d'Allivet, près de Rives.

Une casaque enlevée à l'ennemi était un trophée dont on aimait à se parer. Nous voyons encore dans Piémont que M. de Gordes, petit-fils de l'ancien gouverneur de Dauphiné, ayant été blessé dans une embuscade en 1586, « demoura sur la place (et) les huguenots eurent

Sans s'arrêter dans les rues désertes du bourg, la troupe ennemie se porta directement vers l'abbaye, et pénétra dans l'église, à l'heure où les religieux chantaient matines. « Le premier qui entra, dit Piémont, se cuida rompre le col, car son cheval tumba pour luy fere faire la reverence. » Huit des religieux présents furent aussitôt saisis, sans excepter un des plus vénérables du monastère, le P. Charles d'Arzag, de la noble famille de la Cardonnière (1). Ce religieux célébrait en ce moment la messe ; il demanda et obtint des hérétiques de pouvoir consommer la sainte hostie ; après quoi, il fut arraché de l'autel et, encore revêtu des ornements sacerdotaux, emmené prisonnier avec ses confrères.

Plusieurs notables du bourg furent pareillement arrêtés ; mais, pendant que leurs gardiens, plus amis du pillage que de la consigne, s'écartaient de côté et d'autre, ils réussirent à s'échapper et s'épargnèrent ainsi la rançon énorme dont ils étaient menacés. Le vol à main armée, le rançonnement brutal et sans mesure étaient bien, en effet, le but principal des coureurs de Beauvoir, et ils ne manquèrent pas, cette fois, d'enlever tout ce qu'ils découvrirent de richesses, par la ville et dans la plus grande partie de l'abbaye.

Il y eut pourtant un endroit du monastère qu'ils ten-

---

sa casaque » (p. 189). Quant aux croix blanches de cette casaque, on sait que c'était l'insigne adopté par les catholiques pour se distinguer des protestants.

(1) La famille d'Arzag, établie au château de la Cardonnière, près de Chatte, vers le milieu du XVe siècle, prit aussi, dans la suite, le titre du Savel. Elle a donné plusieurs magistrats au bailliage de Saint-Marcellin, et des membres distingués à l'Eglise et à l'armée, entre autres : Joachim d'Arzag, vibailli de Saint-Marcellin, en 1562 (Voir plus haut, chap. II, p. 27) ; le capitaine Aimar, s[r] de la Cardonnière, neveu du P. d'Arzag, qui défendit la tour de Saint-Nazaire contre les huguenots, en 1577 (Voir plus haut, chap. IV). Un autre Joachim d'Arzag fut chanoine régulier de Saint-Ruf de Valence, et prieur de Saint-Vallier, en 1605, etc.

tèrent en vain de forcer : ce fut la tour fortifiée du cloître. Là, deux religieux, le commandeur de Charny et M. Charreon, tinrent en échec, à eux seuls, la troupe entière des envahisseurs et, protégés par les murailles épaisses de leur inexpugnable donjon, défièrent toutes les attaques. Que serait-il arrivé, si au lieu d'être surpris comme ils le furent, « les aultres (religieux) qui avoient couchés dans la tour (et) se trouverent à l'eglise, en la ville et aultres à leurs affaires », avaient pu se retrancher assez tôt dans leur citadelle ? N'auraient-ils pas été à même, en concentrant ainsi leurs efforts, de préserver au moins le monastère, du pillage ; ce qui eut donné peut-être aux habitants le temps de se ressaisir, pour rejeter promptement les ennemis hors du bourg.

Mais, grâce à la surprise mêlée de stupeur que leur apparition soudaine avait inspirée, ces envahisseurs eurent tout le loisir de se charger de butin, et ce n'est qu'ensuite que leur chef, un nommé Muguet, de Die, ordonna la retraite. Ils quittèrent alors le bourg, avec leurs huit prisonniers, par la porte de Chatte ; à cet endroit, comme ils virent que le P. d'Arzag, vieillard nonagénaire, ne pourrait les suivre, Muguet, pour s'en débarrasser, le tua à bout portant, d'un coup de pistolet.

Telle est, dans toute la simplicité de son récit historique, ce fait si étrangement défiguré par la légende, d'un antonin mis à mort par les huguenots. On a dit et répété que ce religieux avait été massacré au pied du maître-autel où il célébrait les saints mystères ; qu'une plaque de métal avait été encastrée dans le dallage du sanctuaire pour indiquer l'endroit précis où le crime avait été accompli (1) ; la

(1) Le P. Dassy, qui a le plus contribué, peut-être, à vulgariser cette opinion, donne même le texte de l'inscription qui aurait été gravée sur la plaque : *Ici le prieur claustral, Charles d'Arzag, est mort martyr* (*L'abbaye*, etc., p. 262). Or, nous savons, par un acte capitulaire auquel il assistait, que le P. d'Arzag, à la date du 21 mai, c'est-à-dire moins

date elle-même de cet événement s'est peu à peu comme enveloppée d'incertitude, et le P. Dassy, tout en reconnaissant que certains manuscrits font remonter cet assassinat en 1562, et que d'autres le reportent jusqu'à 1580, lui assigne pour date le mois de mars 1567 (1).

Le texte d'Eustache Piémont, confirmé encore par un autre document authentique, sinon officiel (2), et qui relate le fait avec tous les détails de notre récit ne sauraient dé-

---

de deux mois avant sa mort, était, non pas *prieur*, mais « enfermier » (infirmier) du monastère. (*Minutes des not. de St-Ant.* Reg. de 1580, fol. 123). Cinq ans auparavant, les mêmes documents (Reg. de 1575), nous le montrent avec la charge d' « aulmosnier », (en novembre 1573). On sait d'ailleurs que les deux seuls *grands prieurs* de l'abbaye de St-Antoine, au temps des guerres de religion, ont été le P. Hector de Rux, lors des premiers troubles et jusques en 1570 ; puis le P. Gratien des Goys, jusqu'à sa mort, octobre 1594.

(1) Ce choix réfléchi d'une date discutée semble indiquer un auteur bien sûr de ce qu'il avance. Il est fâcheux, toutefois, que l'auteur ne nous ait pas fait connaître les documents qui avaient déterminé son opinion dans ce sens plutôt que dans un autre. Il n'apporte, à l'appui de son récit, aucune preuve et se contente d'affirmer, d'une manière générale, qu'il s'en est tenu aux « *actes les plus authentiques* », sans en spécifier d'autres qu' « une histoire manuscrite » possédée, de son temps, par M. Martin, curé de Clansayes. Cette histoire est probablement le « manuscrit anonyme » intitulé : *Sacri ordinis Antonii ortus et progressus* de 163 pages..., communiqué par M. Martin au P. Dassy (*L'abbaye*, etc. Pièces justificatives, p. 486). Les papiers de M. Martin étant passés, après sa mort, dans plusieurs collections particulières, nous n'avons pu retrouver encore le manuscrit ci-dessus désigné ; mais il nous est d'autant plus facile d'en faire ici notre deuil, que nous avons ailleurs intégralement, et dans une pièce authentique, le document écrit en latin, dont le P. Dassy (*Op. cit.*, p. 262, note 1) n'a traduit qu'une partie (Voir la note suivante).

(2) C'est une copie extraite, au XVIIe siècle, des archives mêmes de l'abbaye de Saint-Antoine, signée comme telle par l'archiviste antonin d'alors, F. J. Thévenin, et contresignée par le notaire Fournet, de St-Antoine, le 11 mai 1667. Elle fait aujourd'hui partie de la collection des documents recueillis autrefois par Nicolas Chorier et Guy Allard, et conservés à la bibliothèque de Grenoble. Nous sommes forcés, pour ne pas trop étendre la matière de ce chapitre, de renvoyer aux *Pièces justificatives* le texte de ce document, déjà publié d'ailleurs par nous, dans le *Bulletin d'histoire eccl. de Valence*, etc., janv.-février 1897, p. 7.

sormais permettre aucun doute à cet égard : le P. Charles d'Arzag de la Cardonnière n'a pas été massacré par les hérétiques, en mars 1567, mais plus de treize ans plus tard, le 4 juillet 1580 ; ce meurtre fut commis, non pas au pied de l'autel (1), mais en dehors de l'enceinte du bourg, au lieu dit, « porte de Chatte » ; et seule, la circonstance que la victime était au saint autel, un instant auparavant, et qu'elle en fut violemment arrachée, encore revêtue de ses ornements sacerdotaux, a pu donner occasion à la méprise sur le lieu réel de son martyre. Quant à la plaque dont il n'existe plus que la trace en creux, dans le dallage du sanctuaire actuel, rien ne prouve qu'elle eût pour objet le P. d'Arzag ; et, tout au plus, dans ce cas, pourrait-on dire qu'elle a servi à désigner son tombeau (2).

Quoi qu'il en soit, hâtons-nous de dire comment le châtiment ne se fit pas longtemps attendre aux meurtriers du religieux martyr. Afin d'éviter la garnison catholique de Saint-Marcellin, en regagnant Beauvoir, la troupe de Muguet était allé tourner par Chevrières, et avait pris le chemin d'Iseron. Mais le gouverneur de Saint-Marcellin, M. de Beaucroissant (3) était averti et, avec quarante chevaux et quarante arquebusiers, attendait déjà en embuscade, le passage des ennemis à la Chataignère. Comme la route est en pente, à cet endroit, la plupart des cavaliers de Muguet avaient mis pied à terre. Cette cir-

---

(1) Remarquons de plus que, ce meurtre eût-il été commis au pied du maître-autel d'alors, ce ne pourrait être à l'endroit marqué aujourd'hui par les vestiges d'une plaque, puisque l'autel, à cette époque, était bien certainement plus avant dans l'abside.

(2) Des fouilles, faciles à pratiquer d'ailleurs, sous le dallage à cet endroit, pourront peut-être un jour donner corps à cette hypothèse, ou trancher la question dans un sens opposé.

(3) Louis de Bressieu, seigneur de Beaucroissant, avait été établi gouverneur de Saint-Marcellin, immédiatement après la tentative de Maugiron, sur Beauvoir ; il ne disposait que d'une très faible garnison, comprenant à peine une demi-compagnie (p. 103).

constance contribua à rendre leur déroute plus complète : saisis d'effroi en entendant sonner subitement la charge contre eux, ils s'enfuirent tous pêle-mêle dans la vallée, abandonnant sur place armes et bagages, « et le plus habile, dit Piémont, fut le premier saulvé ». Muguet ne fut pas du nombre de ces *habiles*, et il paya de sa vie, le meurtre dont il s'était rendu coupable sur « un homme de nonante ans ». On fit un butin considérable, et les sept religieux prisonniers délivrés du même coup, furent bientôt après rendus à Saint-Antoine (1).

A quelque temps de là (18 juillet), les huguenots de Beauvoir voulurent profiter d'un renfort momentané de leurs soldats, pour tirer vengeance de la mésaventure de la Chataignère : ils sortirent du château, au nombre d'environ 400, et vinrent rôder tout le jour autour de Saint-Marcellin, avec menaces et provocations. M. de Beaucroissant ne se laissa pas entraîner à un combat, pour lequel il ne se sentait pas en forces, et, « comme sage et advisé les laissa promener ».

Toutefois, la présence dans le voisinage d'une troupe ennemie aussi considérable, ne pouvait manquer d'être signalée à Saint-Antoine : déjà même on y disait que ces ennemis se dirigeaient sur le bourg et l'abbaye pour un nouveau pillage. Il n'en fallait pas tant pour jeter l'alarme : la garde fut aussitôt renforcée « au couvent, » et M. le commandeur de Charny, que nous retrouvons toujours quand il y a un péril à conjurer, s'empressa d'y faire mettre en état, un ouvrage nouvellement construit et qui se composait « d'un ravelin » et d'une « guarite » (2). Heureusement, l'orage menaçant alla, pour cette fois, se déverser ailleurs ; mais pendant plusieurs jours la terreur

(1) Piémont, p. 112.

(2) On donnait le nom de *ravelin* à une sorte de demi-lune ; la *guérite* était en pierre, et pouvait être dans le cas présent, un parapet spécial d'observation.

fut telle dans tout le pays que « personne n'osoit sortir de sa maison » (p. 113).

On le voit, la situation devenait de plus en plus intolérable, et les populations, à bout de forces et de patience, ne pouvaient qu'exhaler des plaintes inutiles. A la fin pourtant, le duc du Maine, dit Mayenne, si fameux dans la suite, et qui était alors gouverneur-général du Dauphiné, se laissa attendrir par une députation qui alla le trouver à Lyon. Mayenne promit d'envoyer promptement des troupes de secours et, tout en essayant encore des moyens de conciliation avec les chefs huguenots, il fit prendre l'avance à plusieurs de ses régiments, par le pays de Vienne.

Pour Saint-Antoine, c'était presque déjà le salut : car les huguenots et les ligueurs qui avaient jusque-là tenu les bois de la région « à brigander », furent obligés peu à peu, de se replier vers les deux citadelles de Beauvoir. Leurs adieux furent un redoublement de pillage et de dévastation, partout où ils passaient. Un jour, tout près de Saint-Antoine, sur le grand chemin de Montmiral, ils détroussèrent quinze personnes, leur enlevant jusqu'à leurs habits. Vingt-cinq arquebusiers sortis immédiatement du bourg, essayèrent bien d'aller donner la chasse à ces bandits, mais eux « avoient déjà gaigné au pié ».

Enfin, l'armée royale s'avançant toujours, les dernières bandes de pillards quittèrent nos campagnes, pour courir s'enfermer à Beauvoir où, suivant l'expression ironique de Piémont (p. 114), elles ne « s'amusèrent » plus qu'à se retrancher.

Cependant, la concentration des forces de Mayenne auprès de Romans, amena plusieurs passages de troupes à Saint-Antoine. Le régiment de M. de Livarot fort de 2,000 hommes, arriva le 28 août venant de la Côte, et demeura quatre jours entiers. A peine ce régiment avait-il quitté le bourg, qu'une autre troupe, la compagnie de M. de Glandage, arrivait pareillement pour y loger. Piémont, ici encore, ne peut retenir une plainte de colère, en mentionnant *les ravages* de ces hommes de guerre, qui ne « laisserent, dit-il, ny en ville ny au cloistre, deux charges de vin » ; et, à propos de deux autres compagnies (1) qui passèrent le 8 et le 9 du mois suivant : « C'estoit la misere mesme ; n'avoir point de vin, n'avoir peu battre les bleds, on souffroit beaucoup » (p. 116). Comme ces dernières paroles de notre annaliste sont touchantes dans leur naïve simplicité, et comme sous une apparente résignation, elles laissent bien entrevoir les gémissements et les larmes de tout un peuple malheureux !

Après une démonstration du côté de Châteaudouble, l'armée de Mayenne avait remonté la rive gauche de l'Isère, et s'était emparé, le 5 septembre, de la tour et du village de Saint-Nazaire. Le régiment du sieur du Passage qui arrivait de Grenoble, s'était déjà arrêté à Chatte et surveillait ce côté de la rivière, en attendant le reste de l'armée. Celle-ci arriva en vue de Beauvoir, le 9 septembre, et salua aussitôt le château, de cinq coups de canon. En même temps, le régiment du Passage cernait le fortin de la rive droite et le battait si vivement de son artillerie, que les assiégés « n'ayant moyen de se couvrir », furent obligés de se rendre (2).

La prise de l'autre fort, du château proprement dit de Beauvoir, fut beaucoup plus longue ; elle demanda sept jours entiers de travaux préparatoires, durant lesquels on disposa des pièces de canon autour du château, de manière à l'écraser de toutes parts. La résistance étant

---

(1) La compagnie du s[r] Chaboud de La Côte, et celle, à cheval, du comte de Thavannes, Guillaume de Saulx.

(2) La plupart eurent « la vie saulve, néantmoins plusieurs mal voulus liguaires, qui avoient tenus les bois, feurent secrettement tués, aultres prins à rançon » (p. 116).

dès lors impossible, les deux chefs huguenots, d'Allières et Bouvier, demandèrent à capituler, et firent évacuer le château le lendemain (1).

Avant de continuer sa marche sur Grenoble et la Mure, où la campagne devait se terminer par le siège mémorable et la prise de cette ville (novembre 1580), Mayenne organisa la défense du cours de l'Isère : des postes furent établis à Saint-Nazaire, à Saint-André et à Saint-Quentin. Puis, comme Beauvoir était toujours la position qu'il importait surtout de conserver, on renforça sa garnison : vingt-cinq hommes armés furent demandés, pour cela, à Saint-Antoine. M. de Beaucroissant reçut la mission de confiance de commander au château, et la surveillance qu'il exerça de là, sur la contrée voisine, suffit à en éloigner, pour un temps, toutes les courses des révoltés.

---

(1) Mayenne ayant été blessé près de l'œil, le premier jour du siège, s'était retiré à Romans, laissant le commandement à Maugiron. Celui-ci reçut les deux chefs huguenots dans sa tente et leur accorda comme condition que dix soldats seulement, par compagnie, pourraient sortir avec armes et bagages, mais la « mesche esteinte », les autres sortiraient sans armes et seulement la vie sauve. Mayenne envoya ensuite un gentilhomme porter au roi, comme trophée de sa victoire, les enseignes des cinq compagnies expulsées du fort.

Bouvier, en se rendant, fit la promesse de ne plus jamais porter les armes contre son prince, et il tint parole. Cinq ans plus tard, il vivait retiré dans une maison qu'il avait à Cardonnière-le-Vieux, quand les huguenots, qui craignaient de le voir se tourner contre eux, le firent assassiner par deux des leurs. Bouvier, frappé à mort et ayant déjà perdu la parole, put cependant faire signe qu'on lui donnât du papier et une plume, et il écrivit les noms de ses meurtriers qui appartenaient à la garnison d'Orange (Piémont, p. 155).

CHAPITRE VII (1580-1584).

Les huguenots du Royans réduits a l'impuissance ; nombreux logements de troupes a Saint-Antoine ; impositions nouvelles en vue d'une guerre qu'on croit imminente ; épidémie infectieuse au bourg ; mesures prises a cette occasion ; pèlerinages de supplication dans la contrée et a Saint-Antoine ; incident qui marque, en 1584, la grande procession de l'Ascension ; ordre suivi dans cette procession.

Après l'échec que venait de leur infliger Mayenne, les huguenots unis aux ligueurs eurent encore à subir, avant la fin de cette année 1580, une perte qui les rendit « bien tristes et plus faschez » même que la prise de Beauvoir : ce fut la reddition du château du Pont, leur principale citadelle dans le Royans, qu'une mutinerie de la garnison fit tomber, comme par hasard, aux mains des catholiques (1). Privés ainsi de leurs deux centres d'appui et de concentration, les ennemis de la rive gauche furent obligés de se tenir en paix et de renoncer, pour un temps, à leurs courses habituelles dans le pays viennois.

---

(1) Voici, sur cet épisode raconté diversement par Chorier (II, p. 712), la version d'E. Piémont (pp. 121-122). Pour apaiser une querelle survenue, le 12 novembre, entre les soldats du château et ceux de la maison forte, dite la Corbeille, au Pont, le sergent Port, commandant du château, était « descendu » à la Corbeille. A son retour, ses soldats mutinés lui refusèrent la porte, et toutes les instances de d'Aillières accouru exprès de Die, ne purent décider la garnison rebelle à recevoir son chef. Dans l'intervalle, M. de Beaucroissant, à Beauvoir, ayant eu « advis de ceste tragédie », avait dépêché un émissaire aux révoltés, pour leur promettre « mil escus pour leur vin, s'ils luy rendoient la place. » Cette proposition fut acceptée, et M. de Beaucroissant n'eut qu'à rassembler quelques troupes de renfort, pour occuper immédiatement la citadelle du Pont et faire évacuer la maison forte de la Corbeille.

Mais si nos populations n'avaient plus à souffrir de ce côté, elles durent payer bien cher ce renouveau de sécurité, par l'entretien de l'armée royale maintenue dans la province. Chaque communauté, en effet, devait porter une part de cette charge, et Saint-Antoine, plus peut-être que d'autres, eut à fournir de lourdes contributions, à loger des compagnies ou même des régiments entiers.

Le 4 décembre arrive le régiment de Livarot (1), revenant du siège de la Mure; son chef exige une assignation de 300 écus, et déclare qu'il ne passera pas avant d'être payé. A grand peine, on obtient de cette troupe qu'elle veuille bien se contenter d'un à-compte de 20 écus jusqu'à Noël, et que, pour cette fois, elle s'en aille chercher gîte ailleurs (2). Le 20 du même mois, c'est la compagnie du sieur de Ponsonnas (3), qui vient se « rafraischir » pendant huit jours, et ne quitte Saint-Antoine, pour aller à Roybon, que sur un ordre formel de Mayenne, auquel les habitants ont fait porter leurs plaintes.

Le bourg, il est vrai, profita de cette dernière démarche auprès du gouverneur, pour obtenir de lui et de son lieutenant Maugiron, d'être exempté à l'avenir de tout logement des hommes de guerre ; mais la suite des événements nous montrera combien cette exemption verbale était illusoire, et combien plus souvent la crainte, ou une contre-exemption en règle obligèrent les habitants à subir les troupes de passage.

En attendant, tous ces différents groupes de soldats, que la prudence ne permettait pas encore à Mayenne de licencier définitivement, se comportaient dans la province comme en pays conquis, « assassinant et pillant tous les

---

(1) Jean d'Arces, baron de Livarot, l'un des mignons de Henri III.

(2) Ils s'en allèrent loger à Montmiral.

(3) Jean Borel, sgr de Ponsonnas, ancien lieutenant de des Adrets, servait maintenant la cause catholique dans l'armée de Mayenne.

villages et villes non fermées, quelque commandement qu'ils en eussent » ; leurs chefs mêmes, par un dernier reste de haine contre les ligueurs, croyaient mériter, « faire un sacrifice, dit Piémont (p. 124), de nuyre et de manger le poure villageois qui n'avoit aultre secours qu'à lever les mains au ciel ».

Ce maintien sur le pied de guerre était imposé aux catholiques par les exigences toujours croissantes des huguenots, et par leur refus d'accepter les conditions de paix proposées par le roi. Tout le printemps de l'année 1581 et une partie de l'été se passèrent de la sorte, dans l'incertitude et la crainte de nouveaux soulèvements. Les hauts chefs huguenots surtout, entretenaient la discorde, et Piémont (p. 127), en mentionnant leur obstination calculée, ne peut contenir, à leur adresse, cette apostrophe à la fois de colère et de supplication : « Jusques à quand Dieu permettra-t-il que vous soyez cause de la desolation du poure peuple ?.... O miserables, ayez pitié de la patrie ! »

Pour en finir, Mayenne, après avis de la cour, décida de reprendre la lutte, et se mit aussitôt (commencement de juillet), à concentrer son armée autour de Vienne. De toutes parts, les régiments furent alors en formation, et prélevaient, tant pour leur subsistance que pour leur équipement, d'énormes contributions de guerre.

Saint-Antoine, « donné en aide » à Saint-Marcellin, pour l'entretien de la compagnie Ponsonnas, dut payer 200 écus, à déduire d'une taille générale de 24 écus par feu (1).

(1) On sait qu'en Dauphiné, le mot feu, au point de vue fiscal, ne voulait pas dire, comme ailleurs, famille ou ménage, mais désignait une certaine quantité de biens représentant un revenu fictif ; partant, chaque communauté était taxée pour autant de feux que la totalité des biens roturiers qu'elle renfermait, représentait de fois cette unité de revenu qui était, au XVIIe siècle, 3,500 livres (Cf. *Mémoires* d'E. Piémont, note de M. Brun-Durand, p. 164). — Le bourg de Saint-Antoine fut taxé successivement à 15 feux 2/3, en 1450, et jusqu'à 22 feux, en 1590 (p. 277).

Après quoi, le trésorier répartiteur des contributions voulait encore faire donner le montant intégral de cette taille à un autre capitaine, sans déduction de la somme déjà avancée. Mais devant une telle exaction, le bourg éleva des protestations énergiques, et parvint à faire constater juridiquement, que le trésorier ne voulait rien moins que mettre le surplus de la somme, « en sa manche » (1).

D'autres compagnies furent encore de passage à Saint-Antoine, dans le courant de juillet et au commencement d'août. La seule que nous ayons intérêt à mentionner ici, est une troupe de 120 recrues destinées au régiment de Livarot, et qui arrivèrent le 25 juillet. Plusieurs, parmi ces mercenaires, avaient autrefois suivi les huguenots du Royans; vingt-cinq d'entre eux furent même reconnus, pour avoir pris part, l'année précédente, à l'assassinat du P. de la Cardonnière. On les désarma aussitôt et ils ne s'épargnèrent « une charge extraordinaire » qu'en prenant promptement la fuite.

Mayenne n'eut pas lieu d'utiliser ses préparatifs de guerre, de la manière qu'il avait cru d'abord; car, Lesdiguières et les huguenots du Dauphiné, qui avaient compté sur un secours d'Allemagne, voyant que ce secours n'arrivait pas, se hâtèrent de faire leur soumission, avant même le commencement des hostilités. L'armée royale se porta donc sur un autre point, vers le Valentinois ; mais, après une série de sièges et de prises de places, elle revint en partie et fut de nouveau, pour le plus grand malheur des populations, distribuée en diverses garnisons de la province.

Signalons, non loin de Saint-Antoine, à Clérieux, la compagnie du sieur de la Barge, qui séjourna deux mois, et dont les commissaires-pourvoyeurs furent un fléau pour tout le mandement : les cultivateurs n'osaient plus

(1) Piémont, p. 129.

achever les travaux des semailles, dans la crainte de se voir enlever leur bétail de labour, et un jour, deux habitants de la région, « Gordillon et Philibert », perdirent de la sorte, quatre paires de bœufs.

Une autre fois, douze gens d'armes du même sieur de la Barge arrivent jusqu'à Saint-Antoine ; puis, « par le mandement ravagent le bestail », et font ainsi un ample butin qu'ils emmènent à Montmiral. Le but prémédité de ce vol était de s'assurer d'une caution, sur une somme de 800 écus, pour lesquelles Saint-Antoine avait été assigné en aide à ceux de Clérieux. Mais, sur une requête présentée par deux de nos habitants, Maugiron donna gain de cause au bourg, et lui accorda décharge entière de la contribution réclamée. Cet arrêt fut aussitôt signifié à Clérieux, par le capitaine la Rue, accompagné des sieurs Jean Anisson et Sébastien Brunet ; « néantmoins, ajoute tristement Piémont (p.134), craignans la furie des gens d'armes de la Barge, nous fimes une taille pour achever le payement... de VII xx et 2 (c'est-à-dire 142) escus..., le 22 octobre 1581. »

A peine libéré de cette imposition, Saint-Antoine était sur le point d'en subir une autre de 100 setiers de froment et 200 charges de vin, quand Maugiron intervint encore (1) et réduisit de moitié l'imposition ; et « cella, continue Piémont, fit un grand bien à notre communaulté ».

La paix ayant été acceptée par tous, au mois de novembre, le licenciement de l'armée, qui en fut la conséquence impatiemment attendue, permit aux communautés de régulariser leurs comptes. Beaucoup d'entre elles avaient dû se grever d'emprunts onéreux, pour subvenir aux impositions. La dette générale de Saint-Antoine ne s'élevait pas

(1) Pour comprendre ces recours si faciles de St-Antoine au lieutenant-gouverneur, il faut savoir que le château du Molard, près Saint-Marcellin, était un des séjours les plus ordinaires de Maugiron.

à moins de 28,000 écus. Cette somme fut assez promptement couverte par une taille « mise en despartement », et pour rembourser ensuite les particuliers, le bourg n'hésita pas à se frapper d'une nouvelle taille de 2,000 écus.

Heureusement, la nouvelle année 1582 s'annonçait comme très favorable aux récoltes et d'une précocité extraordinaire : dès le 22 janvier, on montrait dans la halle du marché de Saint-Antoine, « une mayousse (c'est-à-dire une fraise), naturelle et bien meurre ». L'hiver eut beau se réveiller en mars et, du 8 au 24 faire « grandes froidures, neiges et bize impetueuse, demy pié de neige partout, gresle et pluye »; ni la vigne ni les fruits n'en éprouvèrent aucun mal. « La saison fust fort bonne, Dieu graces » (1).

Hélas ! ce retour de prospérité ne devait être pour le bourg, qu'un moment d'arrêt bien court, et comme pour lui donner le temps de reprendre haleine, avant une ère de nouvelles calamités, plus désastreuses encore que les précédentes.

Vers la mi-septembre, plusieurs cas de peste se déclarèrent, coup sur coup, dans la maison d'un nommé Jacques Desblancs, située à Condamines. Le chirurgien de Saint-Antoine, Barthélemy Toussaint, se servait de cette maison comme d'un hôpital écarté, et il y soignait en ce moment « plusieurs verolleux et aultres blessés ; l'infection de tant de maladies engendra corruption ». On disait aussi que certains étrangers y avaient apporté la peste, en venant se faire panser d'abcès gangréneux (p. 141). La première victime fut la femme du propriétaire Desblancs ; puis sa fille, qui succomba avant la fin du mois.

Le chirurgien Toussaint, le même que nous avons vu en 1567, huguenot fanatique, acharné sur la châsse de Saint-Antoine, oublieux maintenant du devoir professionnel, « fit semblant d'aller à Vienne » et, sans avertir per-

(1) Piémont, p. 139.

sonne du danger, s'enfuit du côté de la Valloire. « La ville trouvat mauvais la procédure dud. Toussaint », d'autant plus que, laissés ainsi dans l'ignorance de la contagion, plusieurs habitants s'étaient risqués, le matin même, à visiter les malades infectés.

On essaya bien de circonscrire le fléau, en reléguant impitoyablement à Condamines, tous ceux qui étaient soupçonnés atteints (1) ; mais la maladie franchit bientôt les portes du bourg et, après s'être déclarée d'abord « chez les Maronnes » qui avaient blanchi le linge des malades, se propagea peu à peu dans les autres maisons.

Il fallut alors assurer un service d'ordre. Une assemblée publique tenue le dimanche, 16 septembre, détermina les points suivants : deux citoyens, Pierre Bernard et Antoine Chapuis, étaient « commis pour avoir l'œil à la santé » ; on fixait la ration quotidienne « de chascune personne des infectez ou resserrez » à un pot de vin, six liards de pain et une livre de mouton ; puis, afin de parer aux dépenses, les habitants convinrent de s'imposer une taille de 90 écus, sans préjudice de ce que les particuliers voudraient y ajouter de leur propre chef. Le seigneur abbé, Louis de Langeac, que nous trouvons en ce moment à l'abbaye, « donna pour un coup, deux escus aux consuls », et leur confia, en outre, la distribution quotidienne du « pain de l'aumosne ». Les autres religieux firent mieux encore : ils se cotisèrent pour donner deux écus chaque semaine, et M. de Charny, à lui seul, contribua pour deux testons.

---

(1) Parmi ces derniers se trouva la femme du chirurgien fugitif. Elle aurait, paraît-il, rapporté le germe de la maladie, d'une visite à la femme Desblancs, et son mari qui s'en douta, lui avait fait changer d'habits avant de partir, ainsi qu'à tous ceux de sa maison ; mais cette circonstance ayant été révélée par une femme de service « que led. Toussaint avait commandé à sa femme de changer d'habits, l'on fit visiter lad. femme à laquelle on trouva la peste. Promptement on les fit tous desloger de la maison et aller en des cabanes, en la pièce dud. Desblancs, en Contamines » (p. 142).

Ces mesures de charité pouvaient soulager la misère des pauvres malades ; elles étaient impuissantes devant le fléau qui continua ses ravages pendant neuf mois. Piémont attribue cette opiniatreté de la contagion, à la présence de « galoppins estrangers » que les habitants furent obligés de prendre à gages pour les corvées publiques, et qui ne se faisaient pas scrupule de mettre eux-mêmes la peste aux maisons. Ces rôdeurs poussèrent si loin leurs méfaits que, s'il faut en croire notre annaliste (p. 143), « pour esviter mal aux voisins, l'on fust contrainct de les faire tuer ! »

Quand la maladie cessa enfin, à la fin de juillet 1583, plus de 140 personnes, tant dans le bourg que dans l'étendue du mandement, en avaient été victimes. Aussitôt après, on appliqua les précautions ordinaires pour en prévenir le retour, et l'on se mit à « purifier » les maisons.

Deux procédés étaient en usage pour ces *purifications :* il y avait, soit de véritables « parfumaires » dont les fumigations de plantes aromatiques, pouvaient, à la rigueur, servir de désinfectants (1); soit de simples « nettoyeurs par paroles », sortes de magiciens ou plutôt d'escrocs, qui prétendaient purifier l'air par le seul son de leur voix !

---

(1) La composition du « parfum » différait, selon qu'on devait l'appliquer aux maisons ou aux personnes infectées Citons, à titre de curiosité, la formule complète pour le parfum, dit de santé, c'est-à-dire réservé aux personnes, tel qu'on s'en servait encore vers 1630 : son, 25 à la dose de 100 ; résine, 18 ; soufre, 18 ; graine de genièvre, 15 ; ellébore blanc, 6 ; encens, 6 ; myrrhe, 5 ; iris de Florence, 8; laudanum de barbe, 7 ; benjoin, 4 ; farine, 6 ; storax, 4 ; anis, 4 ; ciperus rond, 4 ; aristolochia ronde, 3 ; gingembre, 4 ; poivre, 3 ; calamus aromaticus, 3 ; scavisson, 3 ; fleur de lavande, 2 ; fleur de sauge, 2 ; stecas arabic, 2 ; girofle, 6 ; muscade, 4 ; canelle, 6. — Après avoir mis le feu à cette composition, il fallait en souffrir la fumée « au moings une hure », sans autre forme de quarantaine. — Quant à l'autre « parfum, dit estouffé », dans lequel entraient des poisons comme le sublimé et l'arsenic, il fallait bien prendre garde de s'exposer à sa fumée qui était « mortelle » (Cf. *Annales des Alpes*, septembre-octobre 1897, p. 90-91).

Saint-Antoine préféra ce dernier procédé, probablement comme plus économique, et fit venir deux de ces charlatans « nettoyeurs », dont Piémont croit devoir donner les noms (1). « Neantmoins, continue notre annaliste, non sans laisser apercevoir une pointe d'incrédulité, relativement à l'efficacité de ce remède, falut que la maladie eut son cours » ; le fléau, en effet, ne fut pas longtemps sans reparaître, ainsi que nous le verrons bientôt.

Le premier mouvement d'un cœur chrétien, aux prises avec l'épreuve du malheur, est de se reporter vers le ciel pour en implorer l'aide et l'assistance. Ce fut ce qui arriva pour les populations dauphinoises, après les calamités sans nombre dont elles venaient d'être accablées ; elles sentirent se réveiller en elles un sentiment religieux extraordinaire ; et, de même que la France de nos jours, après nos catastrophes récentes, elles éprouvèrent comme un besoin de crier à Dieu merci et miséricorde, par des pèlerinages de supplications.

Ces pieux concours de fidèles, depuis si longtemps interrompus à Saint-Antoine, avaient commencé de reprendre, au printemps de 1582, et s'étaient continué, à intervalles rapprochés, jusqu'au mois d'août suivant (2). La contagion qui survint alors et dont nous avons parlé, interrompit momentanément le cours de ces manifestations religieuses ; mais après le fléau passé, Saint-Antoine donna lui-même l'exemple, par plusieurs pèlerinages d'actions de grâces. Le premier eut lieu le 11 septembre (1583). « 900 personnes, grands et petits » se rendirent

(1) « Bonnette et Jean de Sereins » (p. 143).

(2) Le dimanche de *Quasimodo*, ce sont plus de 500 personnes qui arrivent en pèlerinage, de la Côte ; deux jours après, 120 pèlerins de Curis, dans le Lyonnais ; puis, dans la deuxième semaine de juin, 120 autres pèlerins viennent en procession, de Revel, près de Beaurepaire ; enfin, dans les premiers jours d'août, 300 personnes de Viriville et 60 pèlerins de Condrieux (p. 140).

à Notre-Dame de la Sône (1), plusieurs allaient pieds nus, sans parler, et revinrent sans avoir bu ni mangé, bien que la municipalité eût pourvu à la subsistance de ces pèlerins, en leur faisant préparer d'avance à Ferrieu, « 900 miches de liards et trois charges de vin. » La bannière du pèlerinage, pareillement fournie par le bourg, avait coûté 28 livres et représentait, d'un côté, Notre-Dame et, de l'autre, saint Antoine.

Pendant un mois, chaque dimanche, le bourg eut encore son pèlerinage et se porta successivement « en mesme ordre et procession » à Notre-Dame de la Jayère, à Saint-Martin de Vinay, à Saint-Jean-le-Fromental et à Saint-Pierre de Montlusier ou de Chapaise (2).

En même temps, les paroisses voisines reprenaient le chemin de Saint-Antoine : le dimanche 25 septembre, arrivent « en grand nombre et en bon ordre » les processions de la Sône, de Chatte, Chevrières, Miribel et Saint-Bonnet. Les processions de Parnans et de Saint-Jean vinrent le dimanche, 30 octobre, etc. « Partout les aultres lieux alloient visiter les eglises où il y avoit plus de devotion. C'estoit chose lamentable de voir tant de poure peuple crier misericorde à Dieu, comme si, par revelation, ils eussent advertissement des miseres et calamités advenir, et que l'on a soufferres par les guerres nouvelles,

(1) De temps immémorial, il y avait à la Sône, près du pont, une chapelle de la Vierge qui était un but de pèlerinage, mais qui ruinée à la suite des guerres de religion, fut alors probablement remplacée par celle de N.-D. de Claix. (note de M. B.-D.).

(2) On sait que les trois premières de ces stations, situées à quelques kilomètres seulement de l'abbaye, étaient pourvues d'églises paroissiales desservies directement par les religieux du monastère. Les églises de la Jayère et de Saint-Jean-le-Fromental (actuellement dépendant de Dionay), subsistent encore ; celle de Saint-Martin a été récemment démolie. Quant à la chapelle de Saint-Pierre, ce n'était guère qu'un oratoire de dévotion, où l'on se rendait en procession, dans les occasions solennelles ; de nos jours encore on s'y rend, dans les temps de sècheresse, pour demander la pluie.

pestes, famines... cy-après survenues... plus desplorables que celles qui ont passées » (p. 145).

L'année 1583, en effet, était à peine écoulée, que les sourdes menées de certains chefs huguenots pouvaient faire prévoir l'imminence de nouveaux malheurs. En plusieurs endroits de la province, il y avait eu des rassemblements armés; et le roi, pour étouffer ces tentatives de révolte, rendit une ordonnance générale défendant le port des armes aux simples particuliers.

Cette défense fut publiée, à son de trompe, à Saint-Marcellin, le 5 février. Les habitants de Saint-Antoine, toujours attentifs à éviter dans leurs actes ce qui était capable de refroidir la bienveillance de l'autorité à leur égard, interprétèrent cette mesure jusqu'au scrupule : ils se crurent obligés de supprimer même l'escorte d'honneur, dont ils entouraient en armes les reliques de leur saint patron, à certaines processions solennelles de l'année.

Or, il arriva qu'en cette année 1584, la fête de l'Ascension fut rehaussée, à Saint-Antoine, par la présence du lieutenant-gouverneur. Maugiron fit son entrée au bourg, le matin de la fête, accompagné des seigneurs de l'Arthaudière, de la Balme-d'Hostun, de Beaucroissant et d'autres gentilshommes. L'occasion était belle pour tenter une démarche auprès du gouverneur, en vue d'obtenir, au moins pour la circonstance du jour, l'autorisation tant désirée du port d'armes. Ce fut encore un religieux de l'abbaye, « le chanoine cloistrier » frère François Roy, qui fut chargé d'en négocier la requête.

Le P. Roy se rendit auprès de Maugiron, et lui exposa l'embarras où l'ordre du roi mettait la communauté, pour le déploiement complet des anciennes cérémonies ; que malgré tout pourtant, on était prêt à obéir, et que l'escorte d'honneur de la châsse allait s'interdire le port d'armes à la procession.

Cette manière indirecte de plaider une cause eut un plein succès : le gouverneur répondit qu'il n'était pas venu à Saint-Antoine pour empêcher les habitants de jouir de leurs privilèges et coutumes ; que l'on pouvait, en conséquence, se rassembler comme autrefois, au son du tambour, et se mettre en armes pour accompagner la procession. « Ce qui fust promptement fait », dit Piémont, et la cérémonie s'accomplit avec tout l'éclat des plus beaux jours.

Après que, suivant la coutume, un religieux eut proclamé, du haut des degrés de l'autel, les noms des quatre titulaires, auxquels revenait le droit de porter la châsse (1), quatre des principaux seigneurs présents furent désignés pour tenir la place de ces titulaires absents. Ce furent M. de Maugiron, pour le roi de France ; messire André de La Porte, seigneur de l'Arthaudière, pour le seigneur de l'Albenc ; M. de Veaune, « gouverneur de Romans » pour le duc de Vintimille, et le seigneur de Beaucroissant, pour le baron de Bressieux. Deux autres gentilshommes furent adjoints aux seigneurs de Maugiron et de l'Arthaudière, pour les aider à porter la châsse. Piémont nous a conservé l'ordre observé dans cette procession : le clergé ouvrait la marche ; la châsse venait ensuite, escortée de cinquante hommes armés et suivie par la multitude du peuple. A l'hôpital, il y eut station dans la chapelle dédiée à sainte Catherine ; et pendant qu'en l'honneur de cette sainte, on chantait l'antienne *Virgo sancta Catharina*, les gens d'armes passèrent par la *Crotte*, pour aller se

(1) On sait que depuis l'origine de l'abbaye, le droit de porter la châsse de saint Antoine, dans la procession annuelle de l'Ascension, était réservé au seigneur de l'Albenc, en mémoire de Jocelin ; au roi de France, comme duc de Milan ; au duc de Vintimille, qui se prétendait issu de la même famille que la mère de saint Antoine ; enfin, au seigneur de Bressieux, comme plus proche voisin, et tous quatre avec la qualité de *barons de Saint-Antoine*.

ranger au-dessus de l'hôpital et attendre le clergé. On revint dans le même ordre à la grande église ; « l'infanterie passe du côté (de la chapelle) des quatre docteurs », traverse l'église « par-devant le grand hostel » et une fois « du côté (de la chapelle) de la Trinité, avec le tembour battant..., s'en vont en cet équipage dans la cour de l'abbaye où le dejeuné est préparé » (p. 150).

L'affluence du peuple dans cette fête fut extraordinaire... « autant... et plus qu'il n'y en avoit eu, dès audparavant les premiers troubles des guerres civiles. » On remarquait surtout 140 pèlerins de Romans, « en grand costume » de pénitents, et conduits par le juge royal de leur ville, Antoine Guérin (1).

« Le seigneur abbé défraya toute la noblesse, gentilshommes et damoiselles », à l'exception de Maugiron et de sa suite, qui allèrent « dîner au *Chapeau-Rouge,* maison paternelle » du P. François Roy. Les pénitents de Romans, après avoir dîné tous ensemble « dans le cloistre », reprirent l'ordre dans lequel ils étaient venus et « s'en retournèrent..., chantant les litanies en musique ».

Le lundi de la Pentecôte, 22 mai suivant, il y eut encore un grand pèlerinage à Saint-Antoine « des mandements de Vinay et de Chasselay, Varacieux, Nerpoz et de Saint-Lattier, en tel nombre, qu'ils étoient pour le moins 1,000 personnes, et de si grande dévotion que la plupart alloient pieds nuds (2). »

---

(1) Cf. *Annales de la ville de Romans*, p. 173.

(2) Belle leçon à certains pèlerins modernes dont l'allure, les préoccupations, pour ne pas dire les exigences, dénoteraient des excursionnistes ordinaires plutôt que de véritables pèlerins de pénitence.

La porte et l'escalier du Gros mur.

CHAPITRE VIII (1585)

COMMENCEMENT DE LA LIGUE. — REPRISE DES HOSTILITÉS EN DAUPHINÉ ; LA GARDE DU BOURG EST RÉORGANISÉE A SAINT-ANTOINE ; SON ATTITUDE ÉNERGIQUE VIS-A-VIS DES TROUPES DE PASSAGE. — COURSES DES HUGUENOTS DANS LA RÉGION ; SORTIES RENOUVELÉES DES HABITANTS DE SAINT-ANTOINE ; CURIEUSE MÉPRISE DE NOS ARQUEBUSIERS A LA BOURGEONNIÈRE. — LA CONCENTRATION DES FORCES DE L'ARMÉE ROYALE AMÈNE UN CERTAIN NOMBRE DE COMPAGNIES AU BOURG ; L'ENTRÉE EST IMPITOYABLEMENT REFUSÉE A PLUSIEURS.

La mort du duc d'Anjou, frère unique du roi et héritier présomptif de la couronne (11 juin 1584), fut pour le pays un événement gros de conséquences. La France, profondément divisée, sentait à sa tête un roi perdu de débauches, maladif, désormais sans espoir de postérité ; et l'on ne voyait personne pour recueillir directement l'héritage des Valois, qu'un prince hérétique et relaps, Henri de Navarre, chef actuel de la branche des Bourbons. D'un bout de la France à l'autre, les catholiques étaient sous le coup d'une indicible angoisse, et la Ligue, organisée avant tout pour défendre les intérêts de la foi, apparut à un grand nombre comme l'unique moyen de préserver la France des malheurs d'une apostasie.

Les nouveaux ligueurs se réclamaient bien toujours de l'autorité du roi, mais en attendant qu'ils puissent donner à Henri III un successeur nettement catholique, leur but était de le soustraire à l'influence des protestants, et au besoin, de lui imposer des mesures efficaces de répression contre eux.

Cette dernière éventualité était même trop probable pour que les huguenots ne se mettent pas immédiatement en état de tenir tête à leurs adversaires. La guerre était donc imminente, et les catholiques devaient s'y préparer : Maugiron qui était à la cour revint en toute hâte en Dauphiné (mars 1585) et, tout en essayant encore de calmer les esprits, il prit partout ses précautions pour la défense.

Le 2 avril, il remontait de Valence et s'arrêtait pour y passer la nuit en son château du Molard, près de Saint-Marcellin. Les habitants de Saint-Antoine lui députèrent un des consuls avec plusieurs autres notables, pour « luy faire la révérance » et prendre ses instructions. Maugiron recommanda de garder le bourg et, comme on lui remontrait que les remparts en avaient été abattus (1), il voulut que du moins on se retranchât fortement dans l'enceinte du monastère, et en particulier dans la tour. Il fit rédiger à ce sujet une commission qu'il signa, avec Morard, son secrétaire. Dès le lendemain, 3 avril, du consentement et avec le concours des officiers de l'abbaye, la défense du bourg était donc réorganisée : le corps de garde était établi à la grande porte de l'hôpital, c'est-à-dire à l'entrée principale des bâtiments claustraux, et les habitants devaient s'y porter successivement, divisés en sept escouades (2), sous la surveillance ou la haute direction de trois religieux du monastère.

On ne fut pas longtemps sans avoir à faire montre d'énergie. Un capitaine de la région, le sieur Saint-Romain, de Chatte, devait venir dresser sa compagnie de 200 hommes à Saint-Antoine. C'était là tout ce que comportait sa commission ; mais il fit savoir qu'il exigerait de plus dix écus par jour pour lui-même, autant pour son lieutenant et son enseigne, et un teston par soldat. Pour se munir contre cette exaction, le bourg eut recours au moyen qui

(1) C'était lui-même qui en avait donné l'ordre en 1580. V. plus haut ch. VI.

(2) « La ville estant pour lors bien peuplée, » dit Piémont (p. 156).

lui avait déjà si souvent réussi : il fit appel à l'autorité supérieure et, sur une requête que le capitaine la Rüe alla présenter à Maugiron, ordre fut donné à Saint-Romain de se désister et de conduire sa troupe à Roybon.

Mais voilà que, malgré cette injonction si formelle, quarante hommes de cette compagnie arrivent à Saint-Antoine, et leur chef, le sergent la Couronne, pousse l'audace jusqu'à demander au grand prieur de l'abbaye, M. des Goys, l'autorisation de prendre ses logements « au cloistre. » Le prieur ne pouvait prudemment consentir à une telle demande ; il refusa sans beaucoup de formes, et permit seulement à la troupe étrangère de se ranger, pour la nuit, au corps de garde (1), en attendant la venue de son capitaine qui était annoncé.

Saint-Romain arriva, en effet, quelques heures après, vers minuit, et, à peine descendu à l'hôtel de « *la Croix blanche*, chez Caffiot », manda incontinent les deux consuls, qui étaient alors Eymard Mignon et notre annaliste, Eustache Piémont. Cet appel nocturne et précipité supposait un grave motif : il ne s'agissait de rien moins que d'une exigence de 200 écus, dont le capitaine disait avoir besoin, sur l'heure, « pour acheter des armes ! » La seule garantie qu'il apportait de cet emprunt, était l'assurance verbale que sa compagnie rembourserait cet argent « des deniers de son estape, » c'est-à-dire avec le bénéfice des assignations qu'elle prélèverait ensuite chemin faisant.

Les consuls répondirent que, n'ayant pour le moment aucun argent en main, il fallait en référer « à la ville », mais qu'on allait, sur son désir, convoquer aussitôt l'assemblée.

Cette réunion eut lieu dès le point du jour, « dans la boutique de Jehan Anisson. » La délibération ne fut pro-

(1) Il leur donna, à cet effet, les mots d'ordre et de ralliement de cette nuit, comme aux autres habitants du bourg qui étaient de garde.

bablement pas longue, car, à la question : le bourg peut-il disposer de la somme demandée ? la réponse unanime fut négative, et l'assemblée « résolut n'avoir point d'argent. » Saint-Romain, en apprenant cette décision, eut beau éclater en colère ; on ne tint aucun compte de ses menaces, et il fut obligé de se retirer comme il était venu.

Cependant les bandes protestantes continuaient à se grouper, et, tout en commençant déjà à tenir la campagne, se voyaient chaque jour fortifiées par l'arrivée de nouveaux contingents. C'est ainsi que, le 13 mai, un certain nombre de huguenots de la Valloire, conduits par Claude Odde de Triors et par Gabrielle Forest de la Jonchère, passaient non loin de Saint-Antoine, pour aller se réunir à leurs coreligionnaires du Royans. Nos habitants, de concert avec l'abbaye, dépêchèrent après eux les sieurs Eymard Mignon et Pilloton à cheval, pour se rendre exactement compte de leur dessein. Ces deux éclaireurs rapportèrent que la troupe ennemie avait traversé l'Isère à Eymeux, et que cet endroit leur semblait être le point de concentration des huguenots. Comme ce détail intéressait la défense générale, on en donna avis, la nuit même, à M. le lieutenant de la Grange, qui commandait à Saint-Marcellin, et l'on se mit, chez nous, à faire une garde encore plus attentive qu'auparavant (1). La consigne, en cas d'alerte, était de se réfugier derrière les murs de l'abbaye, et le « caporal » recevait, chaque soir, les clefs de la porte du couvent, afin de pouvoir ouvrir aux habitants, si le cas s'en présentait.

Jusqu'ici toutefois, les hostilités n'avaient pas été fran-

---

(1) Maugiron, mis au courant par M. de la Grange, de l'information fournie par Saint-Antoine au sujet du groupement des huguenots à Eymeux, fit remercier par lettre (17 mai), et donna comme nouvelle instruction de ne mêler, en aucun cas, ceux du parti aux gardes des villes, et de n'utiliser leur concours qu'en les faisant contribuer aux dépenses (p. 161).

chement ouvertes en Dauphiné ; les trois armées adverses, du roi, de la Ligue et des protestants (1), se contentaient de préparer leurs forces sans en venir aux mains, et, suivant l'expression de notre annaliste « ne se courroient l'un sur l'autre, mais tous ensemble, chascun de son costé, mangeoit le poure peuple » et l'accablait sous le poids des impositions (2).

Le roi penchait visiblement vers les huguenots de Lesdiguières, partisan de Henri de Navarre, et n'omettait rien pour combattre l'influence toujours croissante de la Ligue. Il avait même à cet effet député en Dauphiné un de ses favoris, Bernard de Nogaret, seigneur de la Valette, et nous ne tarderons pas de voir cet officier investi du gouvernement de la province, à la place, ou du moins aux côtés de Maugiron, qu'on trouvait, en haut lieu, trop sympathique aux ligueurs (3).

Bientôt pourtant, Henri III fut comme forcé par les circonstances à se déclarer pour la Ligue : le 7 juillet, il se résignait à accorder le traité de Nemours, qui mettait entre les mains de l'association catholique toutes les ressources et toutes les forces de la monarchie. Quelques jours après, le 18 juillet, un édit paraissait confirmant le précédent traité, et qui était, de plus, un acte formel de

---

(1) Les troupes en formation en Dauphiné étaient : pour le roi, les régiments du baron de la Roche, du s[r] de la Roche-Montoison, du sgr de Montlord et du s[r] du Passage ; pour les princes, c'est-à-dire pour la Ligue, les régiments de M. de Gordes, fils de l'ancien lieutenant-gouverneur, du sgr de la Balme d'Hostun et du s[r] de Claveyson.

(2) Eustache Piémont (p. 175) nous donne le détail instructif des charges qui pesèrent sur le bourg de Saint-Antoine en la présente année 1585, à partir du mois de mars au mois d'octobre. Le principal de ces impositions atteint, pour ces sept mois seulement, la somme de 1055 écus, 23 sols, 6 deniers ; à quoi il faut ajouter « les frais des ravages des commissaires, » estimés 600 écus.

(3) Maugiron était membre de la fameuse confrérie des *pénitents gris* de Grenoble, parmi lesquels la Ligue trouva toujours ses plus ardents propagateurs.

proscription contre les huguenots (1). Cette mesure violente, qui fut publiée à Grenoble le 3 août suivant, mit le comble à la surexcitation du parti, et détermina la reprise immédiate de la guerre.

Les premières opérations dans la province eurent lieu du côté de Montélimar, dont Lesdiguières s'empara le 23 août. Les huguenots du Royans s'ébranlèrent à leur tour et, suivant toujours la même tactique de guérillas et de pillage, reprirent leurs incursions sur la rive droite de l'Isère.

Saint-Antoine allait donc avoir à se défendre, comme précédemment, contre les bandes isolées de ces pillards ; le péril était même d'autant plus à redouter maintenant, qu'une de ces bandes avait pour chef un huguenot originaire du bourg, et, de longue date déjà, son ennemi le plus acharné. Nous avons nommé François de Frize, frère cadet de Pierre, qui avait été l'exécuteur principal des ravages de 1563. François de Frize était établi au château de Pont-en-Royans, récemment retombé au pouvoir des huguenots ; ce qui ne l'empêchait pas de conserver la propriété d'une maison à Saint-Antoine, et d'y venir même, assez souvent, à la dérobée, pour entretenir certaines intelligences avec le bourg.

Le dimanche, 3 novembre, quarante ou cinquante soldats huguenots, parmi lesquels on sut plus tard qu'il y avait deux serviteurs de François de Frize, se dirigeaient à travers bois vers Saint-Antoine. Leur chef était un nommé Coquet, qui avait également des parents à Saint-Antoine et dont nous aurons bientôt l'occasion de parler, à propos d'une nouvelle invasion de l'abbaye. Pour cette

---

(1) L'exercice du culte protestant était interdit, les chambres triparties supprimées ; les réformés devaient se convertir ou quitter le royaume, les ministres avant un mois, les simples *fidèles* dans le délai de six mois.

fois, ces huguenots n'avaient comme objectif que de se rendre à la « grange du Jaz, » proche du bourg et également propriété des de Frize ; plusieurs de leurs coreligionaires, qui ne voulaient pas « catoliser », devaient venir les y rejoindre et passer ensuite avec eux dans le Royans.

La vigilance et le sang-froid du s[r] Eymard Mignon déjouèrent ce projet. Ce courageux citoyen se trouvait par hasard dans les bois de Orme, non loin de Thivollet, quand il aperçut la troupe des ennemis. Mignon les laissa passer ; mais voyant venir à leur suite un soldat isolé, il l'attaqua, lui prit son arquebuse et, aidé d'un autre homme, parvint à l'amener prisonnier à Saint-Antoine. Ce prisonnier était précisément un des deux serviteurs de François de Frize, et c'est de lui qu'on apprit le nombre des soldats de la bande ennemie, le nom de chacun et le desscin qui les amenait près du bourg.

Pour empêcher la réalisation de ce dessein, le nouveau chef de notre milice, M. de Rostaing (1), organisa aussitôt un petit corps expéditionnaire, avec neuf chevaux et quarante hommes résolus. On se dirigea droit dans la forêt de Thivollet, du côté de la Verrière, où l'on espérait trouver encore les huguenots signalés ; mais ceux-ci, dès qu'ils s'étaient vu découverts, s'étaient retirés au plus vite, « habandonnant sur la place une arquebuse, un manteau, un baston à deux bouts, qui fust recogneu d'estre d'un nommé Estoc, mercier de Saint-Antoine ».

Cette « charge », donnée aux huguenots dans les bois, bien qu'elle n'eût rien de bien héroïque, fut cependant portée à la connaissance de Maugiron, à Romans, et M. de Rostaing, qui alla lui-même en faire le rapport, n'eut garde de ne pas tirer profit pour le bourg, de la sa-

---

(1) Guigues-Antoine de Rostaing, marié à Claude, sœur aînée de M. de Miribel (Sébastien de Monteux), était devenu, par la mort de ce dernier, en 1584, l'héritier de sa fortune et de son nom.

tisfaction qu'en témoigna le gouverneur. Il demanda et obtint que ses concitoyens seraient soulagés de certaines contributions onéreuses, et exemptés « de gendarmerie sans exprez commandement. » Maugiron ajouta des encouragements, pour que l'on continuât la surveillance si bien commencée, et confirma le commandement à M. de Rostaing pour donner encore la chasse aux « voleurs par les bois. »

Fiers de ces marques de confiance, les infatigables gardiens de Saint-Antoine furent impatients d'en mériter de nouvelles. Dès le lendemain matin, mardi 5 novembre, ils faisaient une sortie, au nombre de soixante, dans la direction de Roybon. Là, ils se joignirent à une troupe d'environ 240 soldats des compagnies Maubec et de la Frette, et exécutèrent avec eux plusieurs manœuvres, dans le but d'attirer les pillards. Ils simulèrent, par exemple, une débandade ; mais l'ennemi ne s'y laissa pas prendre et demeura invisible. Le soir venu, soldats et miliciens rentrèrent à Roybon, pour y passer la nuit ; ils se séparèrent le lendemain, toujours en battant le pays, et ceux de Saint-Antoine, ayant gagné et suivi les hauteurs, s'en vinrent coucher à Montmiral, avant de rentrer au bourg, dans la journée du jeudi 7 novembre.

Le résultat de cette campagne de trois jours fut d'intimider un instant les coureurs des bois. On n'en fut pas moins circonspect chez nous, et prêt à faire face au premier péril. Cette activité un peu fiévreuse dans la surveillance donna même lieu à une singulière méprise.

Pendant la nuit du 12 novembre, M. de Rostaing recevait avis que vingt-cinq soldats, qu'on disait huguenots, venaient d'entrer, pour y coucher, dans le hameau de Bourgeonnière. Il prend aussitôt avec lui soixante arquebusiers, et se dirige en silence vers l'endroit indiqué. Les hommes de M. de Rostaing avaient tous eu soin de mettre leur mouchoir « en teste », afin de se reconnaître dans la nuit. Ils arrivèrent à Bourgeonnière, à deux heures du matin, par un temps bien sec et bien froid (détail à noter). Leur consigne était de ne pas charger avant le signal, ni sans être bien sûrs de la qualité des adversaires. On crut pourtant qu'il fallait brusquer l'attaque du corps de garde... Quelle ne fut pas alors la surprise des assaillants, quand ils reconnurent, dans ces prétendus huguenots, leurs alliés de la semaine précédente à Roybon, les soldats du s[r] de La Frette, et tous catholiques ! L'attaque cessa aussitôt, mais l'alerte avait été trop soudaine pour ne pas provoquer une panique chez plusieurs, et une douzaine de ces prétendus ennemis, qui étaient « logez à la française », furent pris dans un si grand dépourvu qu'ils s'enfuirent « en chemise, dans le bois, par la gelée blanche ! » (p. 178).

L'attitude de Saint-Antoine, on le voit, n'était rien moins que passive ; et, pendant toute la première partie de cette guerre, nos habitants sauront ainsi tenir à distance toutes les tentatives des huguenots maraudeurs.

En même temps, le bourg se montrait toujours ferme et précautionné à l'endroit des troupes régulières, quand elles venaient se présenter pour le logement sans un mandat ou une commission régulièrement établie. Cette conduite était nécessaire à une époque où les chefs des compagnies avaient si souvent recours à la violence pour faire subsister leurs soldats, et où ceux-ci étaient si peu en la main de leurs chefs (1). On ne faisait d'ailleurs en ceci qu'exécuter ponctuellement les ordres reçus, par deux

(1) C'est ainsi que la compagnie de la Frette courait à cette époque autour de St-Marcellin, « tantôt à Dyonnay, tantôt à Chepvrières, Bourjonnières ; cella dura longuement ; arrançonnant chascun son hoste, et non content de l'avoir arrançonné au premier voyage, autant de fois qu'ils alloient aud. village ils le réançonnaient. Bref, c'estoit une chose déplorable que ceste compagnie avoit hauctement faict de mal qu'un régiment. » (p. 181).

fois déjà, du lieutenant-gouverneur. De plus, comme on parlait d'une nouvelle armée envoyée par le roi, nos citoyens tinrent une assemblée générale à Saint-Antoine, le 1er décembre 1585, et se confirmèrent dans la résolution de rappeler énergiquement toutes les troupes qui pourraient se présenter au respect et à l'observation des règlements en usage.

L'application de cette mesure ne se fit pas longtemps attendre. L'armée royale était entrée en Dauphiné sous le commandement de la Valette (1), et ses nombreuses bandes de soldats commençaient à sillonner la province. Le jour de la fête de saint Étienne, 26 décembre, arrive aux portes de Saint-Antoine la compagnie du capitaine la Tour, sans commission régulière pour le logement; l'entrée lui est refusée, et elle ne peut témoigner de sa mauvaise humeur qu'en défilant « en grondant, sur les fossez ».

Dix jours après, c'est une compagnie de 200 chevaux, conduite par un commissaire de l'armée de la Valette, qui se présente dans les mêmes conditions et qui trouve le même accueil. En vain veut-elle parlementer; on lui fait voir l'ordre formel de Maugiron, ajoutant même, pour tempérer ses regrets, que ses chevaux ne trouveraient au bourg ni foin, ni avoine. La neige tombait très fort en ce moment : circonstance peu favorable pour une discussion en plein air devant une porte fermée... ; de guerre lasse, l'escadron dut passer et ne trouva un abri qu'à Chevrières.

Quand, au contraire, les troupes qui se présentaient

---

(1) Après la reprise d'Embrun (19 novembre), qui avait jeté la consternation dans tout le parti catholique, Henri III, dans la crainte d'encourir plus longtemps le reproche de favoriser les huguenots, avait été contraint d'agir. La formation de quatre corps d'armée avait été ordonnée, et le commandement de celui destiné au Dauphiné était échu à la Valette.

étaient munies de commissions émanées des commandants supérieurs, le bourg ne faisait plus difficulté de leur ouvrir ses portes, et les subissait malgré ses répugnances. Dans les premiers jours du mois de janvier, le gros de l'armée de la Valette passait à Saint-Marcellin. Or, pendant que la plus grande partie de la cavalerie et de l'infanterie campait près de Chatte, un régiment entier (1), composé de 1,000 arquebusiers, vint loger à Saint-Antoine et y demeura deux jours. Une autre fois, comme la Valette se trouvait à Romans pour la concentration de son armée, les fourrageurs de la compagnie de ses gardes furent envoyés au bourg pour se fournir « de foin, avoyne aux chevaux et logis ». On put à grand'peine obtenir quelque décharge de cette imposition qui menaçait de se renouveler, en allant à Romans, le 16 janvier, présenter des observations au maréchal de camp de l'armée.

A cette même date (16 janvier), les Etats qui devaient voter les subsides nécessaires à l'armée en campagne, se tenaient à Grenoble. La communauté de Saint-Antoine s'y fit représenter par le capitaine la Rue. Ce personnage, que nous avons vu plusieurs fois déjà chargé de missions de ce genre, essaya tout pour faire valoir le cahier des « foules » dont le bourg était grevé ; mais ses réclamations furent inutiles ; et Piémont, qui manifestement n'est pas pour la Valette (2), constate ici que

---

(1) C'était le régiment de Piémont, un des quatre plus anciens de l'armée française. On sait que le *régiment* proprement dit, fut constitué sous Henri II, par la réunion de plusieurs compagnies ou enseignes des anciennes bandes, sous un seul commandement (*regimen*). Les quatre premiers régiments, créés en 1569, furent nommés régiments de Picardie, de Champagne, de Navarre et de Piémont. Plus tard, les régiments prirent, de préférence, le nom de leurs colonels. Cf. *L'armée depuis le moyen-âge jusqu'à la révolution*, p. 137.

(2) Quand, le 5 février suivant, la Valette revenait à Romans, de Grenoble, où il avait présidé aux Etats, et qu'il vint coucher au Molard,

« c'est folie de se plaindre à ceux qui n'ont aucune pitié du peuple. »

Les préparatifs d'entrée en campagne se poursuivaient très actifs à Romans, et toutes les communautés voisines étaient mises à contribution. Le bourg de Saint-Antoine, ayant reçu le commandement de fournir deux pionniers, se prêta de bonne grâce cette fois à cette réquisition, et mit même une certaine coquetterie à équiper proprement ses deux soldats, qui furent « habillés de bleu, avec les initiales S. A. et la grande croix blanche des catholiques ».

On connaît les résultats insignifiants de l'expédition de l'armée royale, « qui était suffisante pour courir toute la montagne, » et dont le fait d'armes le plus glorieux fut là prise de la petite ville d'Eurre. Il commença dès lors à apparaître aux yeux de tous, que le roi, pas plus que son représentant la Valette, ne voulaient réellement délivrer la province, et que la crainte qu'ils avaient de la Ligue les portait avant tout à ménager les huguenots.

La Valette fit alors retirer son armée, et, suivant la coutume, en distribua provisoirement les éléments en plusieurs garnisons de la contrée. Pour Saint-Antoine, ces passages de troupes, avec séjours plus ou moins prolongés, allaient avoir des conséquences bien cruelles, puisque c'est une de ces bandes de soldats qui allait introduire au bourg le germe de plusieurs maladies contagieuses.

---

il imposa de nouveau à la communauté de Saint-Antoine le logement de toute sa compagnie des gardes.

CHAPITRE IX (1585-1587).

Nouveaux séjours de troupes a Saint-Antoine ; exigences du sieur de Fétan, maréchal des logis. La famine ; la peste en Dauphiné ; malgré les précautions dont il s'entoure, le bourg est envahi par le fléau ; ravages de la contagion pendant quatorze mois ; nombre des victimes. Incursion des huguenots a Saint-Antoine, conduits par François de Frize ; plusieurs religieux et quelques notables sont emmenés prisonniers, puis délivrés moyennant rançon.

Après avoir logé durant une semaine, au commencement d'avril, la compagnie de chevau-légers du capitaine Champes (Guillaume de Saint-Germain), le bourg de Saint-Antoine fut encore contraint de recevoir trois compagnies du régiment de Ramefort (1), qui demeurèrent quatre jours entiers. Quand cette troupe s'éloigna, le 14 avril, elle laissait un certain nombre de malades, et parmi eux son chef, le capitaine Malixis, qui succomba peu après. Ce n'était pas encore la peste, mais une sorte de « maladie chaude, advant coureur de la contagion », et qui emporta dores et déjà bon nombre d'habitants.

La famine, à la suite de la guerre, commençait aussi à se faire sentir cruellement à Saint-Antoine ; un incident vint encore empirer la situation. Un détachement de cinquante cavaliers de la compagnie Maugiron avaient reçu commission, le 10 avril, pour se loger au bourg, quand un contre-ordre leur donna momentanément une autre direction. Ils ne se présentèrent que le 26 avril sui-

---

(1) Onuphre d'Espagne, baron de Ramefort, colonel d'un régiment d'infanterie, tué en 1590, sous les murs de Lambesc.

vant, mais avec la prétention de faire valoir leurs droits à l'arriéré de ces quinze jours de retard. Le maréchal des logis de cette troupe, François de Leusse, seigneur de Fétan, était inexorable ; il exigeait sans pitié la somme qu'il croyait due et qui se montait en obligation à 800 écus. Les habitants affirmaient ne rien devoir, et se refusaient même à un compromis. Le sieur de Fétan insista, et, comme dernier argument, fit venir de nouveaux soldats : ce surcroît de dépense étant, selon lui, un moyen infaillible pour triompher des récalcitrants. Pendant ce temps, la maladie et la famine continuaient leurs ravages : plus de quarante personnes en moururent, « et y avoit jour que l'on en enterroit sept ou huict » (p. 188). Malgré tout, nos citoyens tinrent bon, préférant mourir de faim, ainsi qu'ils le disaient, plutôt que d'obtempérer à la demande injuste de Fétan. A la fin, ce fut ce dernier qui dut céder ; il était appelé ailleurs, et il quitta le bourg pour aller rejoindre l'armée en marche du côté de la Mure (1).

Dans les derniers jours de mai, la peste ayant éclaté à Romans, on défendit tout commerce avec cette ville. Il en résulta une plus grande cherté des vivres, et la famine en augmenta d'autant. Une seule chose ne diminuait pas : c'étaient les levées de contributions sans cesse renouvelées par les hommes de guerre, qui souvent les exigeaient avec la dernière violence.

Le vendredi 13 juin 1586, le capitaine Normand, qui conduisait la compagnie du seigneur de Beaulieu (Blaise de Genas), se jette par surprise dans Saint-Antoine, et ne consent d'en sortir, après trois jours, que sur un ordre formel qui lui assigne Saint-Marcellin pour logement.

Vers la fin du même mois, les régiments du sieur de

---

(1) Le vindicatif officier n'oublia pas cet affront, et nous le verrons bientôt essayer d'en tirer vengeance, en usant cette fois de moyens moins violents.

Ramefort et du baron de la Roche (1) s'étant arrêtés à la Sône, au retour du siège de la Mure, envoyèrent demander des subsistances au bourg déjà si éprouvé. La réponse fut ce qu'elle pouvait être, un court et lamentable exposé de la situation : la famine est extrême et l'on n'a plus ni pain, ni vin. On s'arrangea pourtant de manière à faire preuve de bonne volonté, et un des consuls, Bermondis, fut chargé de conduire à l'armée les trois charges de vin qu'on possédait encore, deux moutons et quelques restes de pain...! Après quoi ce fut la misère noire à Saint-Antoine ; on y mourrait de faim, autant et plus que de la maladie, et il fallut faire une « cullète » (une cotisation) pour payer l'enterrement des pauvres gens, qui mouraient sans même laisser de quoi couvrir les frais de leur cercueil.

Malgré cette extrémité, de nouvelles troupes se présentent sans cesse, et mettent le comble, par leurs déprédations rapaces, à la désolation générale. Le jeudi, 3 juillet, c'est une compagnie d'argoulets (arquebusiers à cheval) « conduicte par Betreville, le plus malheureux et meschant de l'armée, en nombre de 80 chevaux », qui demeurent trois jours et commettent tant de violences « que le peuple estoit au désespoir... chascun soldat arrançonnant son hoste ». On ne put s'en délivrer que moyennant dix écus. Le 8 juillet suivant, on apprend que deux compagnies du régiment de Montbellet sont en marche pour venir loger à Saint-Antoine. Les consuls du bourg se portent immédiatement au devant d'eux jusqu'à la Sône et, moyennant encore dix écus, obtiennent du capitaine Gaulteron, de la Côte, qui commande ces compagnies, que l'une irait à Montagne et l'autre à Bourgeonnière.

A peine délivrés de cette charge, voici que nos habi-

(1) Balthasard Flotte, baron de Montmaur et seigneur de la Roche.

tants voient tout à coup apparaître une troisième compagnie appartenant au sieur de la Balme d'Hostun, qui s'impose pour le logement « nonobstant la pauvreté et le voisinage » de la maladie. Il faut croire que ces troupes de soldats étaient elles-mêmes bien misérables, pour venir prendre leur gîte, et se contenter des plus maigres ressources, dans un milieu encombré de malades contagieux et de gens mourant de faim !

Jusqu'ici cependant, la grande peste qui ravageait le Dauphiné n'avait pu pénétrer chez nous. On devait cette préservation à une active surveillance qui rendait le bourg inabordable à tout étranger venant des lieux contaminés : chacune des portes, à l'exception de celle de Romans, avait été fermée, et deux notables, à tour de rôle, devaient s'y trouver avec la garde ordinaire. Tous les individus isolés, dont l'état sanitaire inspirait des soupçons, étaient ainsi tenus à distance ; mais qu'aurait-on fait avec ce seul moyen, si une troupe nombreuse et armée avait voulu pénétrer dans le bourg ? Ce danger faillit pourtant se présenter une fois : deux compagnies du régiment de Ramefort étaient annoncées comme venant de Romans, foyer principal du fléau dans la région. Heureusement pour l'occurrence, les soldats du sieur de la Balme se trouvaient encore à Saint-Antoine ; on les pria de demeurer un jour de plus : nos habitants, avec ce renfort, se sentaient assez forts pour parer à toute éventualité. La précaution était bonne, mais l'application n'en fut pas nécessaire, car la troupe redoutée ne se présenta pas.

D'autres, hélas ! allaient venir, contre lesquelles on n'était pas en défiance, et qui devaient payer l'hospitalité reçue au bourg, en y laissant les germes de la contagion. Auparavant, vingt cavaliers des gardes de la Valette, séjournent à Saint-Antoine, du mardi 13 août au 1er septembre ; par exception, on n'a pas trop à s'en plaindre, et, à part les fournitures de foin et d'avoine qui demeurent à la charge des habitants, les soldats se comportent, pour le reste « en payant raisonnablement » (p. 194). Mais à partir de la mi-septembre, ce sont, coup sur coup, de nombreuses compagnies à cheval, de plus en plus dévastatrices : d'abord, deux cents cavaliers conduits par M. de Saint-Jullin qui, pendant deux jours, traite Saint-Antoine « à la forche comme bon voisin » ; aussitôt après, des compapagnies de 500, puis de 300 chevaux, appartenant à divers capitaines ; enfin, c'est la compagnie du sieur de Castillon (1) qui met le comble aux épreuves de la malheureuse ville, en lui communiquant la maladie. Au départ de cette troupe, en effet, la peste se déclarait en deux maisons, chez Jean Bontemps et chez le frère de notre annaliste, Louis Piémont, qui en mourut, ainsi que sa femme et quatre de ses enfants.

De là, le fléau « pullula petit à petit tantost cy, tantost là, jusque sur les mois de juin, juillet et aoust » de l'année suivante : ce qui fait, si l'on compte à partir du moment où il apparut au mandement avant d'entrer au bourg, c'est-à-dire, dès le mois de juin 1586 (2), quatorze mois entiers, pendant lesquels il mourut » tant en ladite ville qu'au mandement... 551 personnes ». Ce chiffre exact est donné par Piémont d'après le relevé de ses registres où il consignait les décès (3). Lui-même vit sa maison décimée : il perdit ses deux grandes filles et une chambrière, et finit par être atteint à son tour. Alors il se séquestra courageusement et demeura seul dans une maison qu'il avait à

(1) Michel de Castillon, seigneur de Mauvesin, capitaine de 200 fantassins gascons.

(2) La peste avait été apportée au mandement par un maçon, nommé Charles Mathieu, qui, après avoir travaillé à Romans où il prit la maladie, s'était retiré chez son frère, « vers Bouchard, » et y mourut peu après (p. 190).

(3) Voir la note suivante.

Fontbarnier, soigné par un de ses amis, pendant que sa femme et Annibal, son fils, étaient dans une autre maison. Eustache Piémont fut pris de cette maladie le 26 juin, mais la grâce de Dieu le préserva, dit-il (1), et il fut sauvé ainsi que sa belle-mère, sa femme, quatre de ses enfants (2), et sa nièce, Elisabeth Fayolle.

Piémont conclut par cette effrayante statistique, où il fait le dénombrement des victimes emportées par la maladie, à Saint-Antoine, durant les trois dernières épidémies :

Contagion de 1582-1583.	140	personnes
Fièvre chaude ou famine, de mai à juillet 1586	160	—
Peste de 1586-1587. . . . . , . .	551	—
Ce qui donne un total de . . .	851	personnes

emportées par ces divers fléaux. Après quoi, le bourg de Saint-Antoine, diminué du tiers de ses habitants, n'était plus que l'ombre de ce qu'il avait été autrefois, et jamais depuis il ne se releva complétement (p 211).

Nous venons d'anticiper sur la marche des événements, afin de donner une vue d'ensemble sur cette calamité, et n'avoir plus à revenir sur ses détails. Pendant ce temps, les armées ennemies continuaient d'aller et de venir, « sans se mordre », continue Piémont, car leurs chefs, la Valette et Lesdiguières s'entendaient secrètement, et Maugiron ne pouvait rien sans la Valette. Les troupes royales ne s'occupaient pas même de maintenir l'ordre dans les pays qu'elles sillonnaient sans cesse, et où elles ne faisaient que propager la contagion. L'anarchie la plus complète, unie à la plus effroyable mortalité, régnait

(1) « J'ay commencé à uzer de mon estat, par la grâce de Dieu, du dix-septiesme jour de juillet 1587 » (*Minutes* d'E. Piémont, registre de l'année 1587, p. 332.

(2) Claude, Michel, Suzanne et Annibal.

donc en maîtres dans toute la région viennoise, et les pillards huguenots du Royans avaient beau jeu pour de nouvelles courses de brigandage.

Ce fut le moment choisi par François de Frize. Le souvenir de la *camisade*, donnée l'année précédente à ses soldats, dans les bois de la Verrière, lui était resté sur le cœur ; il avait de plus à assouvir des rancunes personnelles et une haine toute spéciale contre l'abbaye. A l'approche de Noël 1586, les hérétiques du bourg lui ayant fait savoir que la peste y avait désorganisé les services de garde, il résolut d'exécuter son dessein durant la nuit même de la fête.

Le 24 décembre, au soir, de Frize prend avec lui cinquante soldats de la garnison du Pont, et gagne rapidement Saint-Antoine. Les portes du bourg ne sont pas gardées, il les franchit sans être vu et dirige sa troupe vers la halle du marché : maintenant qu'il est dans la place, son intention est de s'y tenir caché jusqu'au matin ; n'a-t-il pas d'ailleurs intérêt à attendre que la solennité du jour, en provoquant un concours de personnalités choisies, lui permette de s'assurer un « arrançonnement » plus lucratif ?

Le lendemain, en effet, il y avait à l'église grande affluence : même ceux qui, comme notre annaliste, résidaient volontiers à la campagne, étaient revenus au bourg, et toutes les notabilités, le châtelain, le capitaine-commandant, etc., assistaient à la grand'messe. Personne ne soupçonnait donc encore la présence des ennemis, quand soudain, vers le milieu de l'office, une vague rumeur parcourut l'assemblée : on voyait MM. du Chapitre donner des ordres pour la fermeture des portes du cloître, et chacun pouvait en conclure à l'imminence d'un danger (1).

(1) Au moment où « vers la minuict » les cinquante huguenots pénétraient dans la halle du marché, ils avaient été aperçus par un habi-

Piémont ne put alors dominer le trouble de son âme, c'est lui-même qui l'avoue (1) ; il prit aussitôt congé de M. le capitaine de Rostaing, et sortit de l'église, avec sa femme et sa belle-mère, sans attendre la fin de la messe. Ils venaient à peine de franchir l'enceinte de l'abbaye, que la troupe de Frize débouchait devant eux par le « goullet de Bourchenu » (2), poussant des hurlements féroces et des cris de mort : « tues, tues ». S'enfuir et se mettre en lieu sûr fut pour Piémont l'affaire d'un instant ; mais sa belle-mère ayant voulu s'attarder pour avertir le portier du cloître et crier : « sarre, sarre », le huguenot Coquet lui donna dans les reins un coup de manche de hallebarde « dont elle se ressentit longuement » (3).

Les envahisseurs marchèrent ensuite droit sur l'hôpital, dont on se rappelle que la principale entrée donnait accès dans le cloître ; ils trouvèrent la première porte déjà ouverte, et n'eurent besoin, pour entrer dans l'abbaye, que de fracasser à coups de marteau, la serrure de la deuxième porte. On se figure aisément quel effroi et quelle panique l'apparition soudaine de ces bandits produisit dans l'église. M. le grand prieur, Gratian des Goys, ache-

---

tant nommé Claude Dubois ; mais celui-ci « noza sortir » pour jeter l'alarme, et ce n'est qu'au matin, probablement assez tard, qu'il fit avertir le couvent.

(1) « Ayant entendu la nouvelle de ce, je ne pus prendre asseurance ».

(2) Le *goullet de Bourchenu* était une de ces ruelles couvertes qui, aujourd'hui encore, relient entre elles plusieurs rues de Saint-Antoine.

(3) La belle-mère de Piémont était pourtant cousine du sieur de Frize (p. 197). Plus tard, une des petites-filles de François de Frize et héritière de son nom, épousera le petit-fils d'Eustache Piémont, dont les descendants prendront, à la suite de cette alliance, le nom annobli de Piémont de Frize. — Le huguenot Coquet fut tué deux ans après, dans une rencontre « d'où ma belle-mère, dit Piémont (p. 215) fust, guerie du coup d'allebarde qu'il luy avoit baillé, estant avec Frize, le jour de Noël 1586 ».

vait heureusement le saint sacrifice ; il eut le temps de se réfugier au revestiaire et de s'y cacher. La plupart des autres religieux purent également se sauver par le clocher ; mais quatre d'entre eux, avec un certain nombre de laïques de marque, tombèrent entre les mains des assaillants. Ce furent MM. le sous-prieur de Reveyrolles, le commandeur de Charny, le Père André du Teyt, curé de Roybon, frère Pierre Aubajoux, avec MM. de Rostaing, le châtelain Claude Anisson, Claude Dubois, Pilloton, le Bret, Vinot et Jean Billon ou Villon.

Cette capture, on le voit, était des plus importantes, tant par le mombre que par la qualité de plusieurs des personnes saisies ; et les pillards pouvaient se promettre d'en tirer une grasse rançon. Aussi, sans tarder davantage « soudain s'en allèrent » et rentrèrent au plus vite avec leurs prisonniers à Pont-en-Royans. Le sieur de Cugy, commandant de cette place, commença par s'approprier un des deux chevaux de M. de Rostaing (1) ; puis, par une considération qui nous échappe, il fit relâcher ce gentilhomme lui-même. Quant aux autres personnes, à l'exception encore de Villon et du Bret, qui parurent peut-être de trop maigre butin, et qu'on laissa libres (2), on les jeta dans la prison du château, en attendant que leurs amis veuillent bien se résoudre à payer le prix de leur délivrance.

Le P. Dassy, dans les quelques lignes qu'il a consacrées au récit de cette incursion des hérétiques à Saint-Antoine,

---

(1) C'était probablement l'équipage qui avait amené M. de Rostaing à l'église, et qui l'attendait à la sortie. Le sieur de Cugy eut bien soin de garder le meilleur des chevaux, « mais luy cousta (à M. de Rostaing) son grand cheval » (p. 197).

(2) Détail curieux : en laissant partir ces deux prisonniers, de Frize leur recommanda de retirer neuf manteaux que ses compagnons avaient laissés dans sa maison à Saint-Antoine. Espéraient-ils que ces manteaux leur seraient restitués ?

y commet encore une assez grosse inexactitude ; il dit qu'en cette année, 1586 « les bandits (pillèrent) durant deux jours le monastère et les propriétés de l'abbaye » (1). Or, nous venons d'entendre Piémont affirmer que « *soudain ils s'en allèrent* ». Et en effet, c'était prudent à eux de ne pas s'attarder, s'ils voulaient éviter les poursuites des officiers de la région, et ne pas voir, comme leurs congénères de 1580, leur retraite victorieuse changée subitement en un désastre complet.

Ajoutons toutefois que l'heure de la justice, ou, si l'on veut, des représailles, ne fut pas longue à sonner pour les soldats de Frize. A quelques jours de là, ils venaient encore de ravager le château de Saint-Paul-lès-Romans. Un seigneur catholique voisin, M. de la Balme d'Hostun, résolut de mettre un terme à ces exploits réitérés de brigandage ; il prit avec lui 300 arquebusiers de la garnison de Valence et, le dimanche 11 janvier 1587, à l'aube du jour, il se jeta sur Pont-en-Royans qui fut emporté et livré aux flammes.

Malheureusement pour les prisonniers de Saint-Antoine, le château où ils étaient enfermés ne put être forcé ; il fallut, pour les arracher à leurs ravisseurs, que le bourg et l'abbaye se résignent à payer la rançon exigée par de Frize : 120 écus pour le commandeur de Charny ; 600 écus pour les trois autres religieux ensemble (2) ; 60 écus seulement pour le châtelain Anisson et le sieur Dubois. Ce dénouement était, en somme, tout ce qu'avait désiré

---

(1) *L'abbaye*, etc., p. 266.

(2) Pour parfaire la somme de sa quote-part le sous-prieur de Reveyrolles emprunta à Lyon 50 écus, qui furent cautionnés au nom du Chapitre par « fr. Romanet Bernard, curé de la ville ». Le sous-prieur étant mort peu après sans avoir réglé toutes ses affaires, il s'en suivit des difficultés et des plaintes réciproques entre le curé et les représentants de l'abbaye. (Cf. *Minutes d'Eust. Piémont*. Reg. de 1589, fol. 79).

de Frize ; c'était même un encouragement à sa troupe pour de nouvelles entreprises du même genre, et nous allons les voir en tenter de nouveau la réussite du côté de notre abbaye.

Dans l'intervalle, le bruit s'étant un jour répandu qu'une troupe considérable de huguenots, venant de Greble, allait fondre sur Saint-Marcellin, les habitants de Saint-Antoine envoyèrent au secours de la ville menacée dix de leurs soldats, sous la conduite de M. de Rostaing. Mais ce n'était qu'une fausse alerte : les huguenots dont on redoutait la venue s'arrêtèrent dans leurs garnisons du Royans, préférant la guerre d'escarmouches et de rapines qui, avec moins de danger pour eux, leur était tout aussi profitable en butin et richesses de tout genre.

CHAPITRE X (1587-1588)

François de Frize continue ses ravages autour de Saint-Antoine ; ses embuscades a la Croix de la Cave et aux carrières de Perey ; sortie des habitants ; razzia des ennemis dans la campagne. Une autre fois de Frize traverse les rues du bourg avec cinquante cavaliers. Lenteurs calculées de la Valette contre les huguenots ; sa défection ; dangers courus par l'abbaye dans le nouvel état de choses. Le sieur de Fétan revient faire valoir son ancienne créance. Séjour prolongé d'un régiment entier ; dévastation de Saint-Antoine.

Le féroce de Frize, dans sa soif de vengeance et de pillage, ne laissa guère à notre bourg le temps de se remettre de la surprise du mois de décembre. Dès que la saison, exceptionnellement rigoureuse au début de cette année

1587 (1), lui eut permit d'entrer en campagne, c'est-à-dire vers le mois de mars, il était déjà à épier une occasion favorable. Un jour ses soldats vinrent s'embusquer entre Montagne et Saint-Bonnet, à l'endroit dit la Croix de la Cave, « espérant d'attraper M. de Saint-Laurent (2), ou Eymar Mignon, ou aultres de Saint-Antoine, pour la malveillance que le sieur de Frize nous portait à tous ». Mais après avoir eu la patience d'attendre en vain, pendant deux jours entiers, qu'une bonne proie se présentât, force leur fut de se contenter d'une plus modeste capture : ils se saisirent d'un pauvre villageois de Saint-Etienne, Antoine Villard, et l'emmenèrent à Pont-en-Royans, d'où il ne put recouvrer sa liberté que moyennant la rançon énorme pour lui de quarante écus.

Cet insuccès partiel ne découragea pas l'ardeur des pillards soudoyés par de Frize ; leur principal objectif demeura toujours le bourg et l'abbaye de Saint-Antoine, sans cesse à l'affut d'une circonstance qui leur permit, soit un nouveau pillage, soit une nouvelle prise de personnes à rançonner. Ils crurent avoir trouvé enfin cette occasion le dimanche 3 mai.

Au nombre d'environ 140, et commandés par de Frize en personne, les huguenots du Pont avaient pu s'avancer pendant la nuit jusqu'à une petite distance de Saint-Antoine « pourtant des pétards (et) trois sacs (de poudre) sur un mulet. On tient qu'ils vouloient pétarder le clois-

---

(1) « Depuis le 22 décembre 1586 que l'hyver est entré, n'a jamais cessé de faire mauvais tems de froid, orages, abondance de neige... par tout païs jusque au 12me de mars, le tems fust mallin en froidure, telle qu'en lad. sepmaine de mars, l'eau du puy de la basse rüe de Saint-Antoine fust gellée contre nature, et fallut rompre la glasse pour puiser l'eau, chose qui ne s'estoit jamais veue aud. lieu, de la mémoire des vivans » (p. 201).

(2) M. de Saint-Laurent, c'est-à-dire le P. François Roy, recteur de la chapelle de Saint-Laurent et, comme nous l'avons dit, originaire de Saint-Antoine.

tre » (1). Le jour interrompit leur entreprise et, en attendant que les ténèbres vinssent de nouveau la favoriser, ils cherchèrent à abriter leurs engins, et à se dissimuler eux-mêmes jusqu'au soir. Chemin faisant ils s'emparèrent d'un habitant nommé Blanc Hérail, qui chassait dans la campagne, et, pour gagner les combes cachées du voisinage, s'en vinrent passer auprès de la Maladière (2). Le lépreux de cet asile les aperçut à ce moment, et n'eut rien de plus pressé que de faire savoir au bourg qu'une bande d'ennemis s'étaient montrés, non loin de son ermitage, et avaient pris ensuite la direction du hameau de Vourier.

A cette nouvelle, une sortie est immédiatement décidée. Une quarantaine d'hommes, sous les ordres de M. de Rostaing et du commandeur de Charny, se dirigent, en longeant les ravins, vers les carrières de Perey ; puis, appuyant à droite, par le chemin qu'ils croient être celui des ennemis, ils arrivent au sommet des coteaux, et reviennent à Saint-Antoine par la Croix de la Cave, mais sans avoir rien découvert. Ils avaient pourtant passé à deux pas de la troupe des pillards qui, à leur approche, s'étaient blottis en toute hâte dans les *balmes* ou cavernes des carrières de Perey (3).

---

(1) Le pétard, très usité autrefois dans les travaux de siège, consistait essentiellement en une sorte de mortier, chargé de poudre fine, non battue ; un simple feutre recouvrait la poudre, puis un tranchoir de bois, de la cire jaune ou de la poix grecque, enfin une toile cirée. Le pétard, attaché sur un madrier doublé de lames de fer, on attachait ce madrier avec des tire-fonds, à la porte qu'il s'agissait de faire sauter ; l'effet était d'autant plus terrible que la jonction était parfaite. Le maniement du pétard exigeait des qualités spéciales, et l'office de *pétardier* était très en honneur.

(2) Hospice ou asile établi à 2 kilom. environ de Saint-Antoine, en faveur des malades contagieux. L'hospice de la Maladière était pourvu d'une petite chapelle de secours, dont il reste encore aujourd'hui de très intéressants vestiges du XIVe siècle.

(3) La tradition du pays est que ces carrières, situées entre Saint-Bonnet-de-Chavagne et Montagne, ont autrefois fourni la plus grande partie des matériaux pour la construction de l'église et de l'abbaye de Saint-Antoine.

Toutefois, les bandits (1), voyant que leur présence était signalée, n'en étaient pas moins obligés de remettre le coup de main prémédité contre l'abbaye, et tout ce qu'ils purent faire durant la nuit et le jour suivant, fut d'exécuter une sorte de razzia dans les environs. « Comme fust sur le soleil couché, dit Piémont, ils se levèrent et vindrent par la Berruyère (2), droict à la Jayere et de là vers Jean Clot (3), s'en allèrent passer par Chepvrieres. Ils prindrent tous les païsans qu'ils trouverent sur leur chemin, Rochonat, Nerpolat, Pierre Carra, Pierre du Ray; à jour failly ils repasserent cheuz Charionnard et, bas jour à la Magdelaine et passant prindrent Jean Clot. »

Mais que faire de tous ces prisonnniers villageois, dont la pauvreté évidente ne laissait guère en perspective à leurs ravisseurs, que l'embarras de les emmener et de les retenir ? Ne valait-il pas mieux, en les relâchant aussitôt, leur créer par là comme une obligation de reconnaissance dont on pourrait ensuite tirer utilement profit ? Ce fut le parti auquel s'arrêta de Frize : il représenta à ses prisonniers, que, seuls les habitants de Saint-Antoine étaient l'objet de son animosité et de ses justes représailles, puisqu'il ne faisait que se tenir sur la défensive (?) à leur égard ; que pour eux, paysans, ils n'avaient rien à craindre et que, à la seule condition de favoriser ses soldats dans leurs courses, en leur préparant à manger, ils pouvaient se retirer libres et en toute sécurité pour l'avenir.

En définitive, cette deuxième tentative des coureurs du

---

(1) Lorsque l'entraînement de notre récit amène sous notre plume des épithètes de cette nature, il est bien entendu que nous n'entendons nullement généraliser et qualifier de la sorte tout un parti, quel qu'il soit. C'est l'acte commis qui est seul intentionné, et nous appelons, sans plus de forme, pillards ou assassins ceux qui pillent ou qui assassinent, fussent-ils ligueurs, catholiques, voir même protestants.

(2) La Bruyère, près de Montagne.

(3) Jeanclos est aujourd'hui le nom d'une ferme, près de la Croix des Rameaux, à Saint-Jean-le-Fromental.

Pont n'avait guère été pour eux qu'un échec. Ils la reprirent, quelques mois plus tard (17 octobre), et cette fois avec succès, contre la maison de M. de la Saulne (1), à Lens-Lestang, où de Frize se porta une nuit avec cinquante cavaliers. La maison du gentilhomme fut *pétardée*, son fils enlevé sous ses yeux, et lui-même ne se maintint qu'à grand peine, et par une héroïque défense, qui empêcha les envahisseurs « de le forcer » complètement (2).

C'est au retour de cette expédition, que de Frize voulut se donner le plaisir de braver Saint-Antoine. Fut-on surpris au bourg, ou bien voulait-on user d'une tactique vraiment trop extraordinaire pour ne pas être taxée d'imprudence..... ? toujours est-il qu'à leur arrivée, les ennemis trouvèrent les portes ouvertes devant eux, et les rues abandonnées par les habitants. Les cinquante cavaliers se partagèrent en deux bandes et, tandis que les uns défilaient par la rue basse, les autres remontaient la grande rue, pour aller sortir tous ensemble par la porte de Chatte. De Frize dut singulièrement regretter, en passant sous les murs de l'abbaye, que l'insuffisance de sa troupe ne lui permît pas d'en forcer l'enceinte, ni même de s'attarder dans les rues du bourg pour en faire le pillage. Mais comment expliquer aussi que les défenseurs de Saint-Antoine, retranchés probablement au cloître, n'aient pas profité de cette occasion unique, pour prendre ces rôdeurs comme dans une souricière et leur faire expier d'un seul coup leurs trop nombreux méfaits ? Ils n'auraient pas eu à regretter, quelques jours plus tard, et

---

(1) Jacques de Murat de Lestang, seigneur de Lentiol et de la Saulne. Il ne faudrait pas confondre ce gentilhomme avec le capitaine la Saulne, qui avait autrefois commandé la milice de Saint-Antoine.

(2) De Frize retint, pendant trois mois, le fils du seigneur de la Saulne « en une cave, dessous sa chambre, au château du Pont », et ne le relâcha que moyennant la somme de 4000 francs, (p. 209).

longtemps encore, les cruelles déprédations par lesquelles ces ennemis semblèrent vouloir payer la longanimité dont on avait fait preuve à leur endroit.

La série des exploits de brigandages allait donc toujours croissant dans la région ; le vol à main armée, passé en habitude, était devenu l'unique occupation de cette poignée d'adversaires qui, de leur citadelle du Pont, comme autrefois du château de Beauvoir, terrorisaient impunément les campagnes voisines (1). Que faisaient donc pendant ce temps les chefs de l'armée royale chargés de rétablir la paix ?

Pendant ce temps, la Valette, auquel sa mission spéciale et son titre de gouverneur semblaient dicter le devoir d'agir avec vigueur, s'éternisait en demi-mesures. Et ce n'était pas là, de sa part, incapacité ni surtout manque de décision ; il était, au contraire, dans le secret des intentions d'Henri III, et savait que, pour être agréable à ce prince, il fallait, avant tout, éviter d'affaiblir le parti huguenot au profit des ligueurs.

La conséquence de cette tactique à double face fut que Lesdiguières, représentant d'Henri de Navarre en Dauphiné, progressait de jour en jour, et que les conquêtes de ce capitaine, en enflammant les courages, développaient pareillement les convoitises de ses coreligionnaires. Nous n'avons pas à suivre ici le chef huguenot dans ses marches victorieuses à travers les montagnes du Champsaur

(1) Il y eut pourtant d'heureuses exceptions de détail à ce manque de répression de la part des catholiques. Un jour, « huict soldats de la garnison de St-Marcellin, estant allés à la guerre... du costé d'Armieu, sur le poinct du jour, descouvrirent unze soldats du Pont qui menoient chascun un païsan prisonnier... Estant chargés des huict, ils se mirent en telle fuite, qu'ils habandonnerent leurs prisonniers, se jettant dans l'eau et s'en noya quatre..... Voilla une belle religion, faire la guerre de nuict a prendre le poure peuple en leurs maisons, et que cella soit tolléré par ceux qui leur commandent ; malheur leur en prendra » (p. 219).

et du Diois ; il est intéressant, toutefois, de constater sa présence avec 2000 hommes sur les bords de l'Isère, dans les premiers jours du mois d'août 1587. Il remontait cette rivière par la rive gauche, en même temps que, sur la rive opposée, les troupes de la Valette, augmentées des milices municipales, le suivaient parallèlement et se contentaient de l'observer à distance.

Avec de tels procédés de guerre, pouvait-on espérer de longtemps la fin des hostilités ? Les catholiques en étaient exaspérés et, quand ils virent leurs maux s'accroître encore par la ruine et la désolation de toutes les campagnes, poussés à bout, ils s'adressèrent directement au roi, dans le but de négocier une suspension d'armes. Mais cette démarche, entamée dès le mois d'avril, échoua devant le mauvais vouloir des conseillers du monarque (1), et la Valette, sous prétexte de frais de guerre, se mit à accabler de plus en plus les populations, par des demandes de subsides. Pour la seule petite ville de Saint-Antoine, où la peste et les autres malheurs n'avaient pourtant laissé qu' « un quart » des habitants, nous relevons dans Piémont, un total de 1253 écus exigés « seulement dez la Saint Jean-Baptiste 1587 finissant, à la Saint-Antoine 1588, en sept mois (2)... O misérable guerre, continue notre annaliste (durant laquelle) M. de la Valette a ruyné le païs sans rien faire ! »

Et c'était là le grief qui volait de bouche en bouche en Dauphiné, tant il était visible que le gouverneur-général n'avait pas sérieusement à cœur les intérêts catholiques. Bientôt on l'accusa hautement de connivence avec l'ennemi, et lui-même ne tarda pas à en donner la preuve, en se rapprochant ouvertement de Lesdiguières, par une alliance offensive et défensive « contre quiconque entreroit en armes, en Dauphiné » (14 août 1588).

---

(1) Cf. J. Chevalier, *Mémoires des Frères Gay*, p. 217.

(2) Piémont, p. 214.

Ce changement de front, désormais bien dessiné, était une suite de la fameuse journée des Barricades (12 mai), où Henri III avait été contraint de s'incliner une deuxième fois devant la Ligue. Par le traité de Rouen (15 juillet) le prince avait renouvelé ses promesses d'en finir au plus tôt avec le parti huguenot, et il dirigeait maintenant contre eux deux armées, dont l'une, sous le commandement de Mayenne, était en marche vers le Dauphiné.

Il n'en avait pas fallu davantage pour lever les hésitations de certains chefs, soi-disant catholiques, mais partisans secrets de Henri de Navarre. Avant même que la Valette eut publiquement donné le signal de la défection, le baron de la Roche, qui commandait l'importante place de Romans, avait démasqué son jeu et s'était déclaré indépendant du roi aussi bien que de la Ligue.

La ville de Grenoble, de plus en plus et invinciblement attachée au parti des « catholiques avant tout, » avait alors pour gouverneur l'oncle du baron révolté de Romans, le commandeur de la Roche (1). Les habitants s'inquiétèrent de cette parenté, et, dans la crainte qu'il ne fût bientôt de connivence avec son neveu pour trahir leur ville, ils l'obligèrent à donner sa démission et à se retirer. Ils expulsèrent en même temps la compagnie de ses gardes, et Maugiron assigna aux fugitifs, comme résidence provisoire, « le fort du couvent, » c'est-à-dire la grande tour de l'abbaye de Saint-Antoine.

Cette troupe arriva chez nous, le 6 août, conduite par le capitaine Bursin, et prit aussitôt possession de l'ouvrage si vaillamment défendu jusque-là par les religieux et les habitants. Il est permis de douter que cette occupation, pour le moins suspecte, ait été regardée par la com-

(1) Jean-Antoine Flotte, appartenait à l'ordre de Malte et, avant de servir la France, s'était distingué contre les Turcs à Malte, lors du siège de cette île en 1565.

munauté et l'abbaye comme un plus sûr garant de leur sécurité; elle devait être, en tout cas, une charge bien lourde et une cause de dérangements sans nombre pour les religieux (1); aussi durent-ils accueillir avec joie un nouvel ordre du gouverneur qui, dix jours après, licenciait la compagnie étrangère, et restituait la garde de la tour à la vigilance de ses défenseurs attitrés.

Pour si peu sérieuse que fût la guerre effective, les passages de troupes ne cessaient pas dans la région ; on les voyait se succéder à des intervalles plus ou moins rapprochés, il est vrai, mais toujours avec leurs inconvénients ordinaires de malentendus et de rapines. Bornons-nous à mentionner ici l'incident soulevé au mois de mai par le retour de la compagnie du sieur de Fétan (2). On se souvient comment cet officier, qui se croyait créancier d'une forte somme vis-à-vis de Saint-Antoine (3), s'était heurté à un refus catégorique de nos concitoyens. Il avait alors eu recours à la violence ; il crut mieux faire d'essayer maintenant d'un compromis. Il s'abouche donc secrètement avec le châtelain Anisson et le greffier Me Poudrel, et convient avec eux que les subsides en question seront portés à la charge des villages voisins qu'on voudrait bien lui désigner pour *aides* (4), sauf à

---

(1) Cette tour, par sa disposition légèrement en dehors de l'enceinte, se prêtait mieux, qu'aucun autre endroit de l'abbaye, à une occupation de ce genre ; mais combien les religieux ne devaient-ils pas avoir à souffrir de ce voisinage !

(2) Pour être complet, il faudrait signaler les passages, ou séjours, « de la compagnie du capitaine Bonnet, conduite par le sergent la Forge », à la fin de mars ; « les compagnies de Montrassis et du capitaine Mesplex, du régiment de Champagne », le 30 mai ; « la compagnie de M. de Mandelot... en laquelle il y avoit 120 chevaux, » le 2 juin ; « la compagnie du sieur de Crottes, » le 2 août.

(3) V. plus haut, chap. IX.

(4) Quand un pays, ou une communauté, recevait à sa charge les frais considérables, nécessités par la subvention d'un corps de troupes, sou-

prendre lui-même le soin d'en procurer le payement. Quand la nouvelle de cet arrangement se répandit dans le bourg, ce fut une protestation générale, dictée par un sentiment d'honneur et de justice ; et, nos habitants déclarèrent tous, d'un commun accord, qu'ils préféraient souffrir eux-mêmes, plutôt que renvoyer ainsi frauduleusement la souffrance à autrui. Piémont ne dit pas ce qu'il advint des exigences de Fétan, mais son contexte semble indiquer que le bourg se résigna à payer de son argent, pour se débarrasser d'un aussi dangereux solliciteur (1).

Les derniers événements politiques survenus, en créant trois partis en Dauphiné, mettaient le bourg de Saint-Antoine dans une situation extrêmement difficile. Exposé d'une part aux réquisitions du baron de la Roche, qui levait des tailles et réclamait des pionniers pour ses travaux de fortification à Romans (2) ; tracassé sans merci par les huguenots du Royans, qui prétendaient maintenant avoir droit, eux aussi, aux levées régulières des subsides (3), il fallait de plus se maintenir, à tout prix, dans

---

vent l'autorité lui assignait les villages ou hameaux voisins, pour l'*aider* à parfaire la somme exigée, ou même, à son défaut, pour la fournir intégralement.

(1) « La ville (Saint-Antoine)...aimant mieux estre mangée que manger les villages. Voilà la rongerie de ceux qui ont quelques aucthorités sur le peuple » (p. 218).

(2) Il avait entrepris, entre autres, la construction d'une citadelle, aux travaux de laquelle il employa pendant deux mois, sans interruption, 200 ouvriers hommes et femmes. (*Archives départementales de la Drôme*, E. 3749.) Saint-Antoine avait été contraint de fournir d'abord six pionniers ; et, comme on refusait ensuite de payer une taille de 10 écus 20 sols par feu, à la même intention, le capitaine Mesplex, chargé de recouvrer cette taille, « nous envoya trente arquebuziers qui prindrent les consuls et les menèrent à Romans » jusqu'au payement de la somme exigée (p. 227).

(3) « M. de Cugy, commandant aux Roïannais pour les huguenots, nous envoya lettre de luy fornir 8 escus pour feu, aultrement il nous feroit courir dessus avec telle vigueur qu'il nous feroit ressentir du refus » (p. 227).

les bonnes grâces du lieutenant-gouverneur, Maugiron, représentant officiel du roi.

Nos habitants essayèrent bien de représenter à ce dernier « les grands frais que ceux de Romans leur faisoient, et les huguenots qui estoient journellement à leurs portes »; Maugiron répondit qu'on n'avait à obéir qu'à lui seul, et que pour écarter les autres, il fallait augmenter les fortifications du bourg. Cette recommandation n'eut d'autre effet qu'un surcroît de dépenses, et Saint-Antoine n'en fut pas moins « arrançonné » comme auparavant.

Cependant le duc de Mayenne s'occupait à Lyon de la formation de son armée ; les passages de troupes en devenaient plus fréquents dans le pays, et ne pouvaient manquer d'avoir un douloureux contre-coup à Saint-Antoine. Tout d'abord, le bourg parvint à s'affranchir des logements de soldats : la raison principale mise en avant était qu'il possédait déjà à demeure une garnison régulière, et qu'il reconnaissait un chef militaire immédiat dans la personne du capitaine de Rostaing. Mayenne, auquel à plusieurs reprises on porta ces réclamations, les accueillait avec faveur et accordait l'objet de la requête. Mais cela ne put toujours se faire sans mécontenter les autres chefs : Maugiron en particulier, qui était sur les lieux, et pouvait mieux juger de la situation, avait aussi des motifs spéciaux pour garnir Saint-Antoine de troupes (1), et une fois entre autres, qu'on eut recours à lui pour obtenir une décharge de logement, il refusa net et répondit « qu'il le falloit ». Piémont (p. 231) donne même à entendre que ce mécontentement de Maugiron fut cause du malheur qui éprouva si cruellement Saint-Antoine, au mois de novembre de cette année 1588.

---

(1) La révolte de Romans obligeait alors Maugiron à prendre toutes mesures d'attaque et de défense contre cette ville.

Au retour d'une course militaire dans le Bourg-d'Oisans, Maugiron, dans la distribution de ses troupes, assigna Saint-Antoine au régiment de la Balme d'Hostun, composé de 1200 arquebusiers, sous neuf enseignes. C'était le 20 novembre, et il était nuit close quand la troupe annoncée se présenta. Un instant, l'idée de nos citoyens fut de leur refuser la porte ; dût-on pour cela risquer une lutte inégale et « hazarder la vie des habitans »; mais à la suite de pourparlers, « prières et remontrances, » et, en particulier, sur la belle promesse que toute la troupe « deslogeroit en bref », on se laissa fléchir, et les portes furent abandonnées libres aux arrivants.

Entrée malheureuse, s'il en fut : les nouveaux venus s'installèrent au bourg, à peu près comme en pays conquis, et se mirent à y commettre, durant 39 jours, les plus horribles dégâts. Ces soldats dévastateurs, bien qu'appartenant à l'armée royale, ne se contentaient pas de faire main basse sur toutes les subsistances à leur portée ; ils s'attaquaient aux meubles pour en brûler le bois. Ensuite ce furent les édifices eux-mêmes qui tombèrent sous leurs coups, et « trente-cinq maisons, » de celles que la contagion avait laissées désertes, furent impitoyablement livrées aux flammes. La désolation atteignit bientôt les villages voisins ; partout, dans les environs, ce n'étaient que ruines, la misère de tous était au comble.

Par trois fois, le bourg fit porter ses plaintes à Mayenne qui, à chaque instance, donnait des ordres pour que le régiment se portât ailleurs ; mais chaque fois aussi, le commandant s'obstinait à rester, et répondait toujours qu'il ne délogerait pas avant d'avoir reçu directement les instructions du prince. Le désespoir de la malheureuse population s'accrut tellement, qu'on y parlait de rien moins, que d'incendier le reste du bourg et de s'enfuir ensuite à travers le pays...

La nouvelle du double assassinat des Guise, à Blois

(28 et 29 décembre 1588), vint heureusement changer la face des choses, en reportant momentanément loin du Dauphiné, les opérations de la guerre. Mayenne, en effet, après le meurtre commis sur ses deux frères avec la connivence du roi, n'avait plus qu'à songer à sa propre sécurité. Il se retira dans la direction de la Bourgogne, accompagné d'une grande partie de ses troupes, et le régiment de la Balme, entre autres, le suivit dans ce mouvemênt. Saint-Antoine était donc enfin délivré ; mais que de ruines accumulées pendant ces 39 jours d'occupation violente : ruines et dévastations telles, que « jamais, dit Piémont (p. 233), la ville ne se verra remettre en estat. »

CHAPITRE XI (1589)

TENTATIVE AVORTÉE DE LESDIGUIÈRES CONTRE SAINT-MARCELLIN. — MAUGIRON MET UNE GARNISON A SAINT-ANTOINE ; SA MORT; IL A POUR SUCCESSEUR ALPHONSE D'ORNANO. — LES HABITANTS, POUR SE CONCILIER LES FAVEURS DE D'ORNANO, EXPULSENT VIOLEMMENT LEUR GARNISON QUI TIENT POUR LE FILS DE L'ANCIEN GOUVERNEUR. — NOUVELLE SITUATION DES PARTIS APRÈS L'ASSASSINAT D'HENRI III ; SAINT-ANTOINE EST A LA MERCI DES SOLDATS PROTESTANTS RÉUNIS MAINTENANT AUX TROUPES ROYALES. — LA COMPAGNIE DU S^r^ DE VERDUN REPOUSSÉE UNE PREMIÈRE FOIS ESSAIE D'EMPORTER LE BOURG D'ASSAUT ; VIOLENT COMBAT A LA PORTE DE CHATTE.

Lesdiguières ne fut pas long à profiter du retrait des troupes de Mayenne. Dès les premiers jours de janvier il était dans le Royans, d'où il organisait aussitôt une attaque contre Saint-Marcellin. Quatre cents arquebusiers, de la compagnie Cugie, s'approchèrent de la ville durant la nuit (16 janvier) ; ils étaient conduits par le « pétardier » Bidat, par de Frize et plusieurs autres originaires du pays. Par deux fois Bidat fit jouer le pétard contre une des portes de la ville, et il serait infailliblement entré, sans la précaution qu'on avait eu d'ajouter par derrière, à l'ouverture de la porte, un fort « clédat » de fer (1). Pendant que Bidat s'efforçait de renverser cet obstacle, le gouverneur M. de Gouteffrey, organisa promptement la résistance, et n'eut pas de peine ensuite à repousser les assaillants.

Retiré sur la rive gauche de l'Isère, le gros des forces ennemies demeura en observation durant quarante ou cinquante jours, dans l'espoir d'une occasion favorable. Ils se contentaient d'envoyer, de temps en temps, des bandes détachées, patrouiller sur l'autre rive. Un de ces détachements, composé d'une douzaine de huguenots, s'aventura un jour (31 janvier), tout le long des fossés de Saint-Antoine ; « quelques arquebusades » opportunément dirigées contre eux, du haut des remparts, « leur fit advancer le pas ». On apprit, le lendemain, que cette troupe se rendait à Serre, où elle s'empara de plusieurs personnes, et qu'en passant à Montfalcon elle avait enlevé quinze bœufs aux paysans. Les hommes armés de Saint-Antoine eussent volontiers donné la chasse à ces pillards, mais ceux-ci, à leur retour, avaient eu la précaution de prendre un chemin détourné, par la Croix de Cauche (2) et Saint-Appolinard.

De leur côté, les révoltés de Romans continuaient de parcourir les environs : ils vinrent, une fois, surprendre et piller l'église de Montmiral, où les habitants avaient cru mettre en sûreté une partie de leurs richesses. Un

---

(1) Le *clédat* était une sorte de herse ou grille en fer qui servait ordinairement à protéger les issues d'égouts, mais qu'on employait aussi comme fermeture supplémentaire et indépendante derrière les portes de villes.

(2) Près de Saint-Jean-le-Fromental.

sort semblable pouvait être, d'un jour à l'autre, celui de notre abbaye; et c'était pour parer à cette éventualité, que Maugiron avait si opiniâtrément maintenu des forces étrangères dans le bourg. Son but principal était de s'opposer, par tous les moyens possibles, aux agissements des romanais; et, quand le départ du régiment de la Balme eut dégarni Saint-Antoine, il s'empressa, malgré les protestations des habitants, qui criaient à la tyrannie, de leur envoyer une nouvelle troupe de soldats. Ce fut la compagnie du capitaine Trymollet qui, à partir du 2 janvier, séjourna plus de trois mois, et ne se résigna à quitter le bourg que sous le coup de menaces, au milieu de circonstances que nous allons dire.

Maugiron mourut le 5 février 1589 et, contrairement aux espérances d'un certain nombre de catholiques ardents, qui s'attendaient à le voir remplacé par son fils Timoléon (1), il eut pour successeur un des favoris du roi, le colonel corse Alphonse d'Ornano, déjà investi, d'ailleurs, des fonctions de gouverneur général, à la place de Mayenne. L'attitude molle et de plus en plus conciliante pour les huguenots, que d'Ornano prit dès le début de son gouvernement, ne fit qu'aigrir encore davantage les esprits mécontents, et un assez fort parti s'était déclaré pour Timoléon. Ce dernier comptait surtout des amis dans la région de Saint-Marcellin; toutefois, quand il voulut se présenter devant cette ville, il trouva que les ordres de d'Ornano l'avaient déjà prévenu : un régiment était venu expulser l'ancien gouverneur, M. de Gouteffrey, qui était son parent (2), et lui-même ne put qu'aller se cantonner dans le château voisin du Mollard.

---

(1) Cette espérance était d'autant plus fondée, que Timoléon avait été nommée dès l'année précédente (29 mars 1588), pour faire l'intérim de la lieutenance-générale pendant la maladie de son père.

(2) M. de Gouteffrey était le beau-frère de Maugiron depuis son mariage avec Sylvie, deuxième fille de l'ancien gouverneur.

Ce voisinage n'était pas pour plaire à Saint-Antoine, où l'on avait, par-dessus tout, le désir de se conserver dans l'obéissance du lieutenant-gouverneur officiel. De plus, la présence de la compagnie Trymollet, tout entière dévouée au prétendant, était une perpétuelle menace, et l'on craignait même au bourg que Timoléon vînt y rejoindre cette troupe, et faire peut-être de cette place un boulevard de sa cause.

Afin de prévenir cette complication, en obtenant le départ immédiat de la compagnie suspecte, le bourg envoya à Grenoble solliciter des ordres du gouverneur. La réponse donnée par lettre, fut aussi formelle que possible : les consuls devaient intimer l'ordre de départ à ladite compagnie, la contraindre même au cas où elle refuserait ; et, si l'on ne se sentait pas en état d'employer la force, cinquante arquebusiers de la garnison de Saint-Marcellin (1) étaient mis à la disposition des autorités du bourg.

Mais nos habitants étaient bien résolus de ne recourir qu'à la dernière extrémité, à un secours venu du dehors. En l'absence du capitaine Trymollet, ils portent leur sommation pacifique à son lieutenant Trinconnières. Celui-ci prétexta naturellement de son incompétence, et prétendit qu'il ne pouvait rien décider à l'insu de son capitaine.

C'était un refus mal déguisé, contre lequel nos consuls eurent alors recours à un singulier moyen d'intimidation. Pendant la nuit du 12 avril, ils donnent l'ordre d'occuper divers points du bourg, à proximité des logements des soldats, et entre autres, « la maison de Beauchastel » vis-à-vis leur corps de garde ; et cela, dit Piémont, « pour les incommoder » ; ce qui doit signifier qu'on leur fit une

(1) C'était le régiment de « M. Doriat », c'est-à-dire Etienne de Bonne, seigneur d'Auriac et cousin de Lesdiguières.

sorte de *charivari* nocturne, plus capable, assurément, de les irriter que de les mettre en fuite. Trinconnières protesta ; et, pour montrer sa résolution, affirma qu'il se défendrait jusqu'au bout, et se ferait même plutôt tuer, s'il le fallait, « sur le portail de la porte de Chatte. »

A l'aube du jour, pourtant, M. de Rostaing parvint à se faire écouter de Trinconnières, et lui fit comprendre que, sous peine de s'attirer les plus graves désagréments, il ne pouvait raisonnablement s'obstiner davantage. Le rétif lieutenant céda, quoique à contre-cœur : « il fit battre aux champs » pour rassembler ses hommes, et même en s'éloignant, il proférait encore des paroles de menaces.

L'énergie déployée par le bourg en cette conjoncture, est d'autant plus digne de remarque, qu'elle était, en définitive, au profit du plus impopulaire des gouverneurs du Dauphiné. D'Ornano était devenu, non seulement un objet de réprobation de la part des catholiques, mais la plupart des villes avaient fini par se déclarer contre lui (1) : il avouait lui-même, au mois de juin, qu'il ne possédait plus dans la province « que Saint-Marcellin, Saint-Antoine et Tullins » (2).

Une situation aussi anormale n'était déjà que trop féconde, par elle-même, en conséquences désastreuses ;

---

(1) Grenoble l'avait expulsé à deux reprises, notamment dans la nuit du 4 au 5 mai, où les ligueurs avaient été l'assiéger à la trésorerie, aujourd'hui l'hôtel-de-ville.

(2) A la question qu'on lui posait, « pour savoir où il vouloit tenir les Estats ; fust conclud qu'ils se tiendroient à St-Marcellin, parce que Romans n'estoit point à sa dévotion, qu'il ne tenoit pour lors, bien qu'il fust gouverneur pour le roy, aulcune place en la province que St-Marcellin, St-Antoine avec Tullins. Les gouverneurs des aultres places luy obéissoient à luy fornir quelques gens, mais à lui rendre les places, non, et ne luy eussent forni gens, n'eust esté qu'il leur faisoit encore bailler assignation et lors estoit appelé gouverneur de nom et non d'effect. » (P. 242.)

l'assassinat du roi Henri III, le 1er août, vint encore l'aggraver par une nouvelle évolution des partis en présence. Il ne pouvait plus y avoir, désormais, que deux camps : celui de Henri de Navarre avec les protestants, fortifiés maintenant par la masse flottante des *politiques*, pour lesquels la différence de religion n'était qu'une nuance, et qui accordaient avant tout leurs préférences aux vieux souvenirs de la légitimité héréditaire ; et en face, le camp des ligueurs, aux yeux de qui la question religieuse primait toute autre considération, et qui, plutôt que de se résigner à voir la France catholique aux mains d'un chef huguenot, n'hésitaient pas à mettre en avant un prince de leur choix.

En Dauphiné, le nouvel état de choses eut ses grandes lignes nettement dessinées dès le début : les ligueurs se groupaient à Grenoble et à Vienne autour du nom d'Albigny, qui représentait Mayenne ; le colonel d'Ornano, libre désormais de tout scrupule pour suivre la cause d'Henri IV, se rapprochait ouvertement de Lesdiguières, et venait même signer avec lui un traité d'alliance, à la Grange près de Saint-Marcellin (1).

A partir de ce moment, les troupes protestantes étaient donc comme chez elles, dans tous les pays occupés jusque là par l'armée royale ; elles « commencèrent (aussitôt) à prendre pié en Viennois et passer la rivière » ; et nous allons voir quelle source de malheurs, quelle affreuse confusion, allaient en résulter pour les populations catholiques.

Le premier chef huguenot qui se présenta devant Saint-Antoine, fut le fameux gouverneur d'Orange, Hector de Forez, seigneur de Blacons, qui arriva le 29 septembre, avec quatre-vingts chevaux. Les habitants, toujours intrai-

(1) La conférence qui aboutit à ce traité eut lieu les 16, 17 et 18 septembre. Le texte de ce traité est dans Videl (I, 187-188) ; seulement il y est par erreur daté du 13. (Note de M. B.-D.)

tables sur la question de leur immunité vis-à-vis des logements des hommes de guerre, avaient cette fois bien des raisons de s'en prévaloir (1); de plus la troupe qui se présentait n'avait pas de commission en règle : l'entrée lui fut refusée. Blacons essaya de se pourvoir aussitôt, en faisant courir à Saint-Marcellin, où il présumait que d'Ornano, qu'il venait de quitter, se trouvait encore; mais celui-ci en était déjà parti dans la direction de Moirans.

Pendant ce temps, les cavaliers de Blacons étaient demeurés campés à nos portes, à l'endroit dit « la Butte. » Allaient-ils se résigner à passer ainsi la nuit dehors ? Leur chef voulut essayer auparavant du moyen suprême de l'intimidation. Sur son ordre, deux de ses hommes s'avancent au pied des remparts, font mine de reconnaître le fossé, comme pour préparer un assaut, et protestent bien haut, de manière à être entendus, que par force ou par amitié, ils entreront.

Rien n'y fit : nos superbes assiégés comprirent que ces menaces n'étaient qu'un jeu impuissant; ils répondirent avec dédain, en désignant à leurs adversaires, les maisons abandonnées du faubourg, pour s'y loger s'ils voulaient. Les soldats durent s'en contenter; et, alors seulement, les habitants de Saint-Antoine eurent la complaisance de leur faire passer, « par dessus les murailles », quelques provisions de pain blanc, du vin, de la viande pour eux, et de l'avoine pour leurs chevaux. Malgré cette bonne volonté, un peu tardive, et dont les effets était probablement destinés à tempérer le ressentiment du chef huguenot, Blacons s'éloigna le lendemain avec la menace

---

(1) Cette immunité venait de leur être renouvelée tout récemment par d'Ornano (15 septembre) : « Sçachant que mond. seigneur le colonel estoit de retour de Crest à St-Marcellin..., nous luy allasmes faire la révérence et le prier de rafraischir nostre saulve garde, et sur ce nous baille sa commission de ne recepvoir aulcune troupe sans son exprès commandement. » (P. 247.)

qu'à son retour il aurait son quartier au bourg et n'omettrait rien pour le ruiner.

La perspective d'être prochainement l'objet de représailles, de la part d'une troupe soi-disant amie, mais dont on ne connaissait que trop les habitudes de violence et de cruauté, ne laissa pas que de troubler les esprits à Saint-Antoine. Seule la parole du lieutenant-gouverneur était capable de prévenir efficacement le malheur qu'on redoutait, et les habitants, « après en avoir conféré avec MM. du Chapitre » députèrent deux notables (1), vers d'Ornano, au camp de Moirans, pour solliciter la confirmation de l'ancienne immunité du bourg. La requête était appuyée d'un cadeau de six perdrix. D'Ornano accorda tout ce qu'on voulut, en exigeant toutefois la promesse que le bourg continuerait à se garder lui-même et saurait se maintenir à l'abri de toute surprise ennemie.

La garde dont il est ici question n'était réorganisée à Saint-Antoine que depuis le mois précédent (2) ; elle consistait essentiellement à ce qu'il ne devait y avoir qu'une seule porte ouverte à la fois, « aujourd'hui l'une et demain l'aultre » ; la surveillance de cette porte était confiée à un habitant nommé Ennemond Allard, assisté chaque jour par un des notables, à tour de rôle.

Cependant, la guerre était devenue très active entre les partisans de Mayenne et les troupes royales, et, bien que les hostilités fussent plus particulièrement concentrées autour de Vienne et dans la vallée du Rhône, il en résultait

---

(1) Ce furent « M. le commandeur de Chambery (Antoine Anisson) pour la part du chapitre, (et pour) la ville... M. le chastelain (Claude) Anisson, son frère. » (P. 248.)

(2) Cette décision avait été prise dans une assemblée tenue le 31 août, dans laquelle les deux consuls « Jean Clerc Pilloton et Pierre Ageron, l'un huguenot et l'autre catholique », furent d'un avis contraire à celui de la majorité. Piémont fait remarquer à propos que cette mésintelligence occasionna bien des désagréments au bourg. (P. 247.)

pour toutes les communautés indistinctement, de lourdes impositions de tailles. Dans l'espace de neuf mois seulement, Saint-Antoine fut imposé pour une somme de 78 écus, 30 sols, par feu, et il lui arriva d'avoir à payer deux fois la même imposition (1).

La levée de ces tailles n'était pas, non plus, toujours chose facile, et, devant la résistance opposée par les principaux intéressés, les receveurs civils préféraient souvent passer une procuration à un corps de troupes, pour qu'il en poursuivît lui-même, et à son profit, le payement. On comprend de quels abus énormes ce nouveau procédé devait être la source : bien loin de faciliter le recouvrement des impositions, il accoutumait, au contraire, le peuple à les redouter, à l'égal d'un brigandage, contre lequel le refus absolu de payer paraissait le premier et le plus légitime moyen de défense. Mais que pouvait, en dernière analyse, cette résolution, cette *attitude passive*, comme on dirait aujourd'hui (1898), devant les vexations, les violences, et parfois les pillages ? Le résultat tournait ordinairement à la ruine des communautés, et Saint-Antoine ne tardera pas de nous en fournir une nouvelle et bien lamentable preuve.

Très en retard pour le payement de ses tailles, Saint-Antoine s'était vu assigné pour cinq cents écus, à la compagnie d'un sieur de Verdun, Jean de Gilbert, catholique, mais que des liens de parenté rattachaient au protestant Cugie (2). Cette compagnie se présenta le 3 janvier 1590, et fut accueillie par un refus d'entrer si catégorique que ses

---

(1) « La ville de St-Antoine avoit payé la première imposition de 24 escus pour feu à ceux de M. Desdiguières, M. le colonel nous commande luy payer la seconde, ce que nous fismes, et l'ayant payée, les commissaires dud. s[r] Desdiguières nous la firent repayer......, ceux du party des catholiques nous demandoient mesmes levées. Dieu apaise son ire ! » (P. 250.)

(2) Il avait épousé la fille de ce chef huguenot.

soldats se virent contraints d'aller chercher logement dans les deux hameaux voisins des Hennequins et du Vourier (1). Mais le soir venu, quelques-uns d'entre eux ne purent résister au désir de tirer vengeance de l'affront reçu ; peut-être aussi étaient-ils séduits par l'espérance d'obtenir pour eux un gîte meilleur. C'étaient neuf argoulets, commandés par un sergent nommé Pierre, qui revinrent, à la faveur des ténèbres jusqu'à la porte de Chatte et, trouvant cette porte mal gardée, furent assez heureux pour s'en rendre maîtres. Déjà ces soldats commençaient à parcourir le bourg « l'épée au poing, criant : Ville gaignée », quand la milice de garde arrive et, beaucoup plus nombreuse, rejette facilement les intrus dehors. Malgré cette reconduite violente, les hardis soudards n'en furent pas plus pressés de rejoindre le gros de leur troupe : ils s'installèrent tranquillement dans les maisons du faubourg, et y passèrent le reste de la nuit ; il fallut, le lendemain, un nouvel effort de la garde pour s'en débarrasser.

A deux semaines de là, le lundi 15 janvier, un cousin et en même temps le lieutenant du sieur de Verdun, Gillibert, surnommé « la grande barbe », voulut essayer d'un autre moyen auprès du bourg, pour se faire payer différentes sommes d'argent. Il laissa toute sa troupe à Chevrières, et vint se présenter avec une escorte de quatre argoulets seulement. L'entrée fut laissée libre à ces parlementaires, qui reçurent un accueil d'abord courtois. Mais voici que Gillibert se met tout à coup à déclarer avec menaces qu'il réclamait pour une nouvelle assignation de cinquante écus, et que, si l'on ne faisait pas immédiatement droit à sa demande, il allait établir sa compagnie par les granges, aux environs du bourg, d'où ils ne « bougeroit qu'il ne fust payé. » La réponse fut aussi ferme que

(1) Non loin de l'ermitage de la Maladière.

modérée dans la forme, toute empreinte d'un certain bon sens mêlé d'ironie, auquel notre annaliste Piémont nous a depuis longtemps habitués, et qui nous laisse entrevoir, ici en particulier, son influence directe. Le procédé de sommation dont usaient les plaignants pour réclamer leur créance, fut-il répondu, n'est pas, dans la conjoncture, le plus court moyen d'en obtenir le payement ; il n'était pas nécessaire d'amener pour cela toute une compagnie ; et, en agissant de la sorte, on fait une chose, à laquelle ne s'abaisserait même pas « le grand Turcq ! ».

Malgré ces représentations si raisonnables, et qui lui laissaient de plus l'espérance d'une solution pacifique, Gillibert partit pour exécuter sa menace, et donna ordre à ses soldats de venir s'installer à Dionay. Ils y commettent toutes sortes de ravages, incendient les provisions de fourrages, rompent les couverts de plusieurs maisons, etc., persuadés qu'ils atteignaient, du même coup, les habitants de Saint-Antoine. Mais comme cela ne suffisait pas encore, pour triompher des résistances et obtenir le payement désiré, tout le reste de la compagnie du sieur de Verdun, renforcée d'une partie de la compagnie de son beau-père, Cugie, vint rejoindre à Dionay la troupe de Gillibert (mercredi 17 janvier).

A Saint-Antoine, on croyait si bien à une attaque imminente que tout s'y préparait pour une défense acharnée ; aussi la troupe ennemie, nonobstant sa supériorité numérique, vit bientôt qu'elle ne pourrait forcer le bourg que par surprise, et voulut essayer d'un stratagème. Tout à coup, à la fin de la semaine, on la vit prendre la direction de Bressieu, comme si elle s'éloignait définitivement du pays ; en réalité, c'était pour donner le change sur leur intention véritable, afin que les habitants de Saint-Antoine, rassurés par ce départ, se ralentissent dans leur surveillance, et que, le jour du dimanche, en particulier, ils croient pouvoir abandonner leurs remparts.

Peu s'en fallut que ce plan n'eût un plein succès : le 21 janvier, pendant qu'à l'église on célébrait la messe solennelle du dimanche, et que la plupart de nos défenseurs s'y trouvaient sans défiance, les soldats des sieurs de Verdun et de Cugie revenaient en toute hâte ; ils descendaient par Dionay, prenaient ensuite par Saint-Jean-le-Fromental et arrivaient, sans coup férir, par le chemin de Villeneuve, jusqu'à la porte de Chatte. Malheureusement pour eux, ils avaient été aperçus, au moment où ils passaient à la croix de Villeneuve. Nos habitants avertis quittaient précipitamment l'église et, sans même prendre le temps d'aller chercher leurs armes, se portaient déjà au devant des agresseurs, pour les repousser à coup de pierres. La lutte fut des plus vives de part et d'autre : le tambour animait ceux qui montaient à l'assaut, mais le nombre des combattants du bourg se multipliait sur le rempart, et l'avantage de la position finit par décider la victoire en leur faveur. Les ennemis venaient se heurter à la porte « si mal à propos », dit Piémont (p. 257), que si les défenseurs eussent eu d'autres armes que des pierres, « on les eust tuez quasi tous à la bresche. » Ils en furent quittes pour un certain nombre de blessés qu'ils emmenèrent en s'enfuyant.

Du côté du bourg, il n'y eut d'atteint que le consul Pilloton qui, ayant voulu s'avancer à découvert, pour parler aux assaillants, reçut une légère blessure à la joue. Cet accident, d'ailleurs, ne servit qu'à accroître l'ardeur de nos soldats improvisés, qui, de ce moment jusqu'à la fin de l'attaque, ne se firent pas scrupule de donner à la « charge » qu'ils infligeaient toute l'importance d'une leçon bien méritée.

CHAPITRE XII (1590)

Craintes fondées d'un retour offensif des compagnies mécontentes ; le capitaine la Violette fait forcer le faubourg et s'apprête a livrer assaut a la porte de Chatte. Ravages du s[r] de Verdun dans les environs ; violences du s[r] de Verdet qui entre par surprise et s'empare de plusieurs otages ; erreur du P. Dassy a ce propos. Autres séjours et ravages des compagnies dans le bourg abandonné de ses habitants. Le commandeur de Charny prisonnier pour la deuxième fois. Réclamations inutiles de la communauté contre ses persécuteurs : le s[r] de Verdun et le capitaine Trymollet.

L'énergie déployée par le bourg de Saint-Antoine contre des troupes qui, malgré leurs procédés ennemis, représentaient, après tout, le pouvoir régulièrement établi, n'allait-elle pas lui attirer des désagréments plus fâcheux encore que ceux dont il avait voulu s'affranchir ? N'était-il pas à craindre que les nombreuses troupes de soldats qui couraient toujours la région, ne prennent, comme fait à elles-mêmes, l'accueil infligé à leurs compagnons, et ne se donnent la main pour en tirer vengeance ?

Cette éventualité parut si probable à nos habitants, que même avant la fin de la journée du 21 janvier, le bruit circulait déjà qu'on allait avoir à essuyer un assaut beaucoup plus redoutable. On ne parlait de rien moins que de sept ou huit compagnies qui se préparaient à tomber de concert sur le malheureux bourg.

Pour prévenir ce danger, le plus sûr moyen aurait été d'en appeler à l'autorité du lieutenant-gouverneur officiel, mais d'Ornano était en ce moment éloigné de la province (1); et, en son absence, on ne put que recourir à l'un de ses lieutenants, M. Doumergue, qui résidait à Saint-Marcellin. La requête, d'ailleurs, fut aussi favorablement accueillie, et le lieutenant accorda au bourg « demy douzaine de gens d'armes (corses) de sa compagnie, pour maintenir et faire observer l'exemption. » Ces soldats furent logés, à Saint-Antoine, à l'hôtel du « *Chapeau rouge* », qui était la demeure particulière du frère de notre annaliste, Jean Piémont.

C'eût été là un secours bien faible et presque illusoire, en regard de la grandeur du péril attendu, si l'on en avait espéré autre chose qu'un appui d'influence, pour le soutien des courages à l'intérieur. L'événement allait pourtant montrer que la présence de ce petit renfort pouvait avoir une tout autre efficacité.

Les compagnies dont on avait tant redouté l'approche étaient annoncées dans les villages voisins. Elles formaient un effectif de 400 hommes, sous les ordres du capitaine la Violette, et « s'en vindrent donner à Saint-Antoine, » dès le surlendemain de la précédente affaire, 23 janvier. Les soldats de l'avant-garde pénétrèrent sans difficulté, par la *Porte neuve*, dans le faubourg inhabité, et, se croyant peut-être, dores et déjà les maîtres, se mirent à remonter la grande rue, avec des cris de victoire, jusqu'à la porte du *Martel* contre laquelle ils vinrent se heurter.

Mais, pendant ce temps, un certain nombre de défenseurs étaient accouru sur le *gros mur*, c'est-à-dire sur la terrasse de l'église, qui domine la rue et la porte du Martel à une grande hauteur. En un instant, une grêle de pierres tombent sur la tête des assaillants et les « forcent à reculer, dit Piémont, plus vite qu'ils n'avoient

(1) Il faisait activer les travaux de construction d'une citadelle à Pont-Saint-Esprit.

advancé. » Ils ne se retirèrent malheureusement pas loin et, contournant aussitôt les remparts, ils vinrent se poster à quelque distance de la *porte de Chatte*.

Ces ennemis savaient qu'une brèche récente rendait cette porte plus facilement abordable, et le gros de leur troupe qui arriva bientôt après, y rejoignit l'avant-garde, munis de nombreuses échelles d'assaut. Un troisième groupe d'ennemis s'était arrêté en bas du bourg, sur le « petit pont » de Romans, comme pour empêcher une sortie ou se maintenir en réserve de secours.

L'attaque était donc imminente, et nos habitants s'apprêtaient à la soutenir avec la dernière vigueur, quand les six soldats corses qui renforçaient la garnison offrirent de s'interposer pour une solution pacifique : ils demandaient à être envoyés en parlementaires vers le chef des assaillants. La porte s'entr'ouvrit pour les laisser sortir, et on attendit non sans anxiété le résultat de leur négociation.

Une fois en présence de la Violette, les soldats corses prennent un accent d'autorité, et représentent que « la ville » étant sous la sauvegarde de M. le gouverneur leur maître, celui-ci ne manquera pas de regarder comme faite à lui-même toute violence dirigée contre elle; qu'en conséquence, ils le prient et au besoin le somment de ne point se hasarder dans une entreprise dont il aurait certainement à se repentir.

La Violette ne s'attendait pas à se voir le chemin barré par une intervention aussi directe; il n'osa pas affronter les conséquences dont on le menaçait, et, contremandant l'ordre d'attaque, il renvoya brusquement ses troupes dans leurs cantonnements respectifs, à Montmiral, à Montagne et à Montrigaud. Pour lui, mais lui seul, il fut autorisé à pénétrer dans le bourg et, comme marque de bonne amitié, il accepta de venir « faire collection » en la maison du capitaine Rostaing. Piémont s'applaudit de cette issue pacifique; « car, dit-il, bien que nous feussions deslibérés de les bien repousser et que les eussions repoussez, peut-estre que nous eussions perdus quelques-uns de nos habitants »; tandis qu'on en fut quitte pour une dépense de 36 écus que coûtèrent la solde, le logement et l'entretien des soldats corses.

Mais cela ne faisait pas l'affaire du s[r] de Verdun qui avait compté sur ce moyen de contrainte pour entrer en jouissance de ses assignations. Il ne put que redoubler de fureur par des ravages réitérés dans les environs de Saint-Antoine; encore ne le pouvait-il pas toujours, sans risquer d'attirer sur lui les justes colères du colonel-gouverneur. Ajoutons cependant, que cette dernière considération ne semble pas l'avoir intimidé beaucoup. Une fois entre autres (3 février), que ses soldats avaient dévasté les celliers de Pierre Arthaud à Chevrières, plainte en fut porté à d'Ornano. Arthaud n'eut pas de peine à démontrer l'injustice dont il était victime, et il obtint même une lettre judiciaire, pour signifier au s[r] de Verdun, d'avoir à cesser, sinon à réparer ses violences. Mais quand le capitaine reçut cette lettre, il montra le cas qu'il en faisait, en la mettant en pièces; puis, s'emparant du sergent royal, Jean de la Pelisse, qui la lui avait présentée (1), il le livra à trois de ses soldats « pour luy bailler les estrivières. » Peut-être même aurait-il poussé plus loin le mépris de la justice et de l'autorité du gouverneur, et exercé des sévices plus graves sur la personne du sergent qui n'en pouvait mais, si les habitants de Saint-Marcellin n'étaient intervenus pour obtenir sa délivrance. Et ce fut là tout le résultat de la requête de Pierre Arthaud; d'Ornano n'insista pas pour se faire obéir, et de Verdun continua, ni plus ni moins qu'auparavant, la

(1) Le *sergent* était autrefois un officier de justice chargé des poursuites judiciaires, et dont les fonctions correspondaient assez exactement à celles de nos huissiers.

série de ses courses et de ses dévastations autour de Saint-Antoine. Par exemple, le mois suivant (7 mars), il faisait enlever les bœufs de notre annaliste E. Piémont, ainsi que le bétail de plusieurs autres habitants, « Jean Vatilleux, le gros Pierre, Fayne et Noël Gonot » Deux jours après, ses soldats, réunit à la compagnie du sieur de Cugy, s'avancèrent jusqu'aux portes de Saint-Antoine, « criant : sortez canailles ». On se garda bien de leur répondre et « ils passèrent oultre, allant en Valloire » ; ils reparurent le 23 suivant et prirent encore les bœufs de « Martefond et de Jean Piémont. »

Et indépendamment de ces alertes, il fallait toujours faire face aux exigences des exacteurs réguliers des tailles, qui, tantôt pour un capitaine, tantôt pour un autre, envoyaient de nouvelles assignations. Les tailles imposées pour les travaux de fortifications entrepris à Moirans (1) furent, entre toutes, un sujet d'ennuis prolongés pour le bourg : les commissaires de cet impôt adoptèrent même, à la fin, la méthode du s[r] de Verdun et se mirent à ravager les environs; si bien qu'après eux, dit Piémont, on ne pouvait plus trouver, dans tout le mandement, « aulcun bestail de labourage. »

Un moment, on put croire qu'on allait jouir enfin de quelque sécurité : le colonel-gouverneur était de retour en Dauphiné, et il envoyait à Saint-Antoine son enseigne, M. de la Laupie, « avec vingt-huit chevaux et deux mulets à coffres. » La présence de cette petite troupe parut une sauvegarde suffisante, et il fut décidé, dans une assemblée tenue le 4 avril, que la *garde de nuit* serait supprimée et que l'on maintiendrait seulement la *garde*

---

(1) Cette ville avait été reprise sur la ligue le 11 septembre précédent ; d'Ornano en fit aussitôt réparer les fortifications, avec construction de plusieurs nouvelles, entre autres, quatre bastions dont la dépense avait été répartie en tailles sur les communautés.

de jour, c'est-à-dire pendant le temps où les portes demeuraient ouvertes.

Cette espérance de tranquillité ne fut, hélas! qu'un rayon de soleil entre deux tempêtes et dut céder, presque aussitôt, devant les plus sombres prévisions d'un nouvel avenir gros de menaces.

La ligue venait de remporter le plus signalé succès aux portes de Vienne (19 avril) : d'Ornano était prisonnier, et son armée, désormais sans chef supérieur, se débandait dans la province, « mangeant et pillant les villes et villages du païs. » Que n'allaient pas tenter les capitaines de compagnies, libres maintenant de tout contrôle, pour se faire payer avec la dernière exigence les arriérés de leurs assignations ?

Parmi ses nombreuses dettes, le bourg de Saint-Antoine en avait une de près de 1,000 écus envers le seigneur protestant de Morges, neveu de Lesdiguières. Or, le 25 avril, M. de Morges, revenant de Vienne, passait à la Côte Saint-André ; il voulut profiter de la proximité de Saint-Antoine pour y faire réclamer le reliquat de son assignation, et envoya à cette intention son lieutenant, le s^r du Verdet, avec une escorte de 120 cavaliers.

A la *porte de Chatte*, du Verdet se présenta comme s'il ne s'agissait que d'une demande de logement. On ne lui répondit d'abord qu'en abaissant le clédat devant lui ; mais les hommes de garde eurent ensuite l'imprudence de le laisser parlementer, ce qui fut pour le bourg le commencement d'un malheur. Du Verdet, en effet, abusant de la simplicité de ses interlocuteurs, eut l'habileté de les convaincre par ce raisonnement : maintenant que M. le colonel d'Ornano est prisonnier, sa succession au gouvernement du Dauphiné revient de droit et sans conteste aucune à Lesdiguières ; or, M. de Morges, dont lui, du Verdet, est le lieutenant, est le proche parent de ce dernier ; il serait donc bien mal à propos, pour ne pas dire, dangereux, de refuser la porte à des gens qui se présentent au nom du nouveau gouverneur. — Ce discours spécieux fit littéralement perdre la tête à nos gardiens de la *porte de Chatte :* Comment se mettre, dès le début de son gouvernement, en opposition ouverte avec un chef qui, d'un mot, peut les punir ? Comment, d'autre part, ne pas trembler à la pensée qu'ils vont se trouver en contact avec une troupe de huguenots peut-être fanatiques ? Une véritable panique s'empare d'eux : ils ne savent que s'enfuir en donnant l'alarme, et presque tous les habitants du bourg prennent la fuite à leur exemple.

Du Verdet demeuré ainsi maître de la position s'y logea tout à son aise ; mais il ne put obtenir la somme d'argent qu'il était venu percevoir ; et c'est sans doute, comme caution de ce payement, qu'après dix-sept jours d'attente infructueuse, il emmena, à sa suite, jusqu'à Die, sept habitants prisonniers, « de quoy, il y en avoit dud. party prétendu. »

Piémont, qui nous donne ce dernier détail, ne dit pas qu'il y eût parmi ces prisonniers aucun religieux de l'abbaye ; et, en mentionnant un peu plus loin qu'une partie de ces prisonniers étaient de retour dans les premiers jours de juin, il ne donne pas même à entendre que les autres aient été autrement victimes de la cruauté des hérétiques.

Aussi pouvons-nous nous demander une dernière fois où le P. Dassy a pris ses documents, pour détailler l'histoire des quatre antonins, que « Duverdet » (*sic*) traînait « dans les prisons de la ville de Die », et qu'il précipita, avant d'arriver, dans les eaux d'un torrent. « Au passage de l'Isère, dit cet auteur (1), il leur montra l'eau de la

---

(1) *L'abbaye de Saint-Antoine*, p. 266. *L'Histoire de l'établissement de l'Ordre* (ms. du XVIIIe s. déjà cité, voir plus haut, chap. III), mentionne bien sans autre détail cet assassinat commis par du Verdet ; mais nous savons combien il faut être en garde contre l'autorité de cette histoire quand elle n'est pas corroborée par d'autres textes.

rivière d'un geste significatif, mais arrivé sur le pont d'une autre rivière, celle de la Bourne, dans le Royannais, choisissant un abîme rapproché, il y précipita ses prisonniers, au milieu d'imprécations furibondes. » C'est toujours, on le voit, la même facilité fantaisiste dans la peinture de ses tableaux d'histoire ; on dirait qu'il croit pouvoir suppléer par le coloris et les teintes brillantes de l'imagination, à la solidité, à l'exactitude du tracé historique.

Le bourg de Saint-Antoine n'était pas encore débarrassé des cavaliers du s[r] du Verdet, qu'un des fils du s[r] de Cugy, Daniel de Glâne, venait y dresser sa compagnie « de gens de cheval » dont les soldats « firent du pire qu'ils peurent durant seize jours qu'elle y demoura. » On eût dit que ces troupes protestantes, qui agissaient, disaient-elles, avec commission immédiate de Lesdiguières, voulaient, en prolongeant leur séjour dans notre ville, tirer vengeance de ce que les exemptions d'Ornano les en avaient si souvent écartés. C'est la remarque de Piémont. Rien, d'ailleurs, ne leur était plus facile, en l'absence des habitants qui n'osaient rentrer chez eux, par crainte « de la prison et d'estre arrançonnés. » Les religieux avaient pareillement pris la fuite, et cinq compagnies d'un régiment (2) vinrent s'installer durant cinq jours jusque dans les bâtiments du cloître.

La compagnie du s[r] de Verdun ne pouvait pas laisser échapper l'occasion de pénétrer, elle aussi, dans ce bourg qui avait su la tenir à distance si longtemps et avec une si persévérante opiniâtreté. Elle y revint même à deux reprises et, la dernière fois, séjourna une semaine, du 24 mai au 1er juin. L'idée fixe de ce capitaine était toujours la perception des restes de ses tailles ; à la fin, pour

---

(2) Le régiment du s[r] de Mollières, frère puiné du baron de la Roche dont il a été parlé plus haut.

s'en assurer le payement, il ne trouva rien de mieux que d'imiter le s^r du Verdet, en s'emparant de riches ôtages. Or, au milieu de ces bouleversements, un seul notable avait eu le courage de rester au bourg : c'était l'intrépide P. Michel de St-Jullien, commandeur de Charny qui, une fois déjà, en 1586, avait été le captif des huguenots à Pont-en-Royans. Il fut de nouveau saisi et entraîné par le s^r de Verdun, jusqu'à Morges, dans les montagnes du Diois.

Maintes fois, déjà, dans le cours de ces récits de guerre, nous avons eu à constater l'attitude courageuse de M. de Charny, qui fut constamment au bourg l'âme de la résistance contre les factieux et les huguenots. Dès 1575, il dirigeait les habitants dans leurs sorties contre ces hérétiques; il veillait aussi spécialement à la défense de l'abbaye; et l'on se rappelle comment, lors de l'incursion de 1580, retranché avec un seul compagnon dans la tour du couvent, il avait tenu en échec tous les pillards du capitaine Muguet. Ce gentilhomme religieux était donc tout spécialement désigné, depuis longtemps, à la haine vindicative des huguenots ; et l'on ne saurait trop admirer la hardiesse qu'il montre en cette année 1590, quand il demeure presque seul à l'abbaye, le bourg abandonné de ses habitants, et au milieu des nombreuses compagnies protestantes qui y ont élu domicile.

Cependant, cette fois encore, la captivité de M. de Charny n'eut pas pour lui une issue fatale, comme on était trop en droit de le redouter: dès les premiers jours de paix qui suivirent la tourmente actuelle, le grand prieur, M. des Goys, faisait tant par ses instances auprès de Henri de Montmorency, connétable de France, que l'illustre captif pouvait revenir sain et sauf à l'abbaye.

Dans l'intervalle, le colonel d'Ornano, qui était toujours prisonnier, avait reçu un successeur officiel, ou du moins un remplaçant provisoire, en la personne de M. le président Artus Prunier de Saint-André. Un des premiers actes du nouveau surintendant fut de délivrer Saint-Antoine de ses barbares garnisaires ; ce qui fut exécuté au commencement de juin. Quelles tristes constatations purent alors faire les habitants et les religieux fugitifs, en reprenant possession de leurs habitations dévastées ! Que de ruines accumulées, dont la réparation immédiate s'imposait et pour laquelle la communauté se trouvait sans argent. Pour parer aux nécessités les plus urgentes, les particuliers s'assemblèrent (3 juin) « en la grande sale de l'abbaye » et, d'un commun accord, s'imposèrent une taille de 33 écus 20 sols par feu, soit « 1,123 escus 42 sols ». Vingt jours après, la fête de saint Jean-Baptiste (24 juin) amenait le renouvellement annuel des consuls (1) : les sieurs Jean Piémont et Bon Jassod furent élus, et cette élection confirma les espérances de plusieurs.

Mais les capitaines des compagnies créancières, pour être maintenant empêchés de tenir garnison au bourg, n'avaient pas renoncé à leurs exigences, et ils reprirent bientôt, en les modifiant à peine, leurs anciennes méthodes de contrainte. Le s[r] de Verdun, entre autres, malgré un accord récemment survenu entre le bourg et lui pour la conversion de sa créance en obligations, préféra recourir de nouveau aux procédés violents. Vers le milieu de juillet, il fait ravager les environs par « dix-huit diables d'argollets » qui prennent « le gros Pierre avec ses bœufs, les brebis et les chèvres de Gérenton et de Pierre Bernard » et s'en vont les vendre au Pont.

Puis, c'est le lieutenant Trinconnières, toujours au nom du capitaine Trymollet, qui, le 6 août, arrive avec dix-

---

(1) Le renouvellement des consuls avait lieu chaque année dans une assemblée tenue pour la fête de saint Jean-Baptiste. Piémont nous a conservé la liste de ces élections à partir de l'année 1584. Nous donnons aux *Pièces justificatives* cette liste reconstituée pour toute la période des guerres de religion.

sept soldats et, nonobstant la défense du président de Saint-André, pénètre « par la brèche » pour se loger au bourg. Les notables n'avaient pas même tenté d'opposer résistance et dans la crainte d'être enlevés et emmenés comme ôtages, ils avaient seulement jugé prudent de mettre leurs personnes en lieu sûr, en se réfugiant dans l'enceinte de l'abbaye. Là ils préparèrent une requête au président-gouverneur, pour lui demander justice des vexations toujours croissantes dont ils étaient victimes. Cette requête fut présentée par un des notables à M. de Saint-André, et ils eurent un instant de satisfaction en obtenant une double sentence d'assignation contre Trymollet et contre le s^r^ de Verdun.

On fut moins heureux quand il fallut décider les coupables à comparaître : d'abord les sergents royaux refusèrent de faire les notifications (1), et le président dut confier cet office à un archer (2) du prévôt ; ensuite, quand arriva le jour fixé pour la comparution du s^r^ de Verdun (14 août), deux députés du bourg, le consul Jean Piémont et Colligny-Beauchastel, se rendirent bien à Romans ; mais de Verdun ne parut pas et pour toute réponse il envoya, quatre jours après, son lieutenant, le capitaine Monduisant, avec dix-huit argollets, jusqu'aux portes de Saint-Antoine, ravager et prendre tout le bétail qu'ils purent trouver.

Le président de Saint-André renouvelle alors par lettre l'ordre exprès de ne pas molester ainsi les habitants de Saint-Antoine ; de Verdun ne daigne pas même répondre et se contente d'écrire au dos d'une autre lettre que lui avait adressée, dans le même sens, le s^r^ de Saint-

(1) Ils craignaient sans doute, et non sans motifs, d'avoir à subir les mêmes traitements que leurs collègues de l'année précédente.

(2) On donnait encore à cette époque le nom d'archer aux officiers subalternes de justice et de police.

Ferréol (1), le billet d'incroyable impudence que voici : « Monsieur, ceux qui vous ont faict entendre que mes soldats les ont ravagez ont menty ; et s'ils sont de ma qualité, je les feray mourir pour revanche, sinon cent coups d'estrivieres ; je commande au Roïans en l'absence de M. de Cugy, je permets bien lever des assignations qui ne sont pas plus ny si liquides que celles que je demande aux habitans de Saint-Antoine ; ils se sont bien gardés d'en présenter requeste à M. Desdiguières (Lesdiguières) auquel je suis serviteur, à M. le baron de la Roche et à vous, sil vout plaist pour vostre particulier » (2).

Cette fin de non-recevoir accompagnée de menaces se passe de tout commentaire ; elle montre en quel état de confusion se trouvaient alors les divers commandements, puisque, pour se soustraire à l'autorité d'un chef, il suffisait de se réclamer de l'autorité d'un autre. Les habitants de Saint-Antoine pouvaient en conclure de plus, qu'ils n'en avaient pas fini avec les vexations d'un homme dont les violences n'étaient égalées que par sa mauvaise foi, et qui, pour se justifier, ne reculait pas devant le plus impudent des mensonges.

Quant à la solution de l'affaire Trymollet, le bourg n'en tira qu'une satisfaction d'amour-propre. Un des griefs porté contre cet officier était qu'il s'était emparé de bétail et surtout d'une magnifique jument appartenant à M. l'aumônier Charréard (3) ; or, pendant l'instruction

---

(1) Hercule de Sibeut, seigneur de St-Ferréol, était lieutenant de la compagnie d'hommes d'armes du comte de la Roche ; il fut, depuis, gouverneur de Romans, de 1597 à 1617.

(2) Citée par E. Piémont, *Mémoires*, p. 270.

(3) Cet aumônier, maintenant âgé de 51 ans, n'était autre que l'ancien « esclaffar ou jouvenceau » de 1562, qui se compromit si malheureusement alors avec les tenants de l'hérésie protestante. (V. plus haut, chap. II). On voit ici par l'importante charge que remplit François Charréard, que si son repentir fut sincère, sa réhabilitation à l'abbaye ne fut pas moins complète. Il mourut le 8 juin 1607.

du procès, il se trouva que Trymollet, voulant éprouver sa monture, alla faire des « bravades » du côté de Miribel-les-Echelles, et il y reçut un coup d'arquebusade « d'où il quitta la prinse de la jument. » Le texte de Piémont, assez peu clair à cet endroit, donne même à entendre que cet accident coûta la vie à Trymollet, car il ajoute : « Dieu luy fasse miséricorde; » mais il ne semble pas que les poursuites dirigées contre lui aient eu un autre résultat de réelle compensation pour le bourg.

CHAPITRE XIII (1590-1592)

Nouvelles levées d'impositions ; démarches des consuls de Saint-Antoine pour obtenir une décharge des feux ; des commissaires viennent constater la dévastation et les ruines du bourg ; la solution de l'affaire est renvoyée a plus tard. En attendant, les compagnies de guerre maintiennent leurs exigences ; insistances et violences du s[r] de Briquemaud, neveu de l'abbé régnant. Transaction du bourg avec François de Frize. Saint-Marcellin tombe au pouvoir des ligueurs ; il est repris par d'Ornano et Lesdiguières ; contributions imposées a Saint-Antoine.

Les courses des exacteurs de tailles semblèrent redoubler encore de fréquence et d'intensité durant l'automne de cette année 1590 déjà si éprouvée. Le jeudi 23 août, le commandant des fortifications de Moirans envoyait trente de ses soldats prélever chez nous l'assignation d'une taille de 29 écus par feu, dont avait été chargé l'ancien consul Pilloton. Ces soldats entrèrent au bourg et le parcoururent « l'épée au poingt comme s'ils deussent tout tuer » ; ils « ravagerent ensuite tout le bestail à pourceau », et ne se retirèrent, après deux jours, que grâce à un compromis que le consul parvint à leur faire accepter.

La semaine suivante, le 29 août, qui était un jour de foire à Saint-Antoine, arrivait un « recepveur » spécialement chargé de demander encore à « Pilloton (1) 150 escus; cella effraya presque toute la foire » ; puis, sur le soir du même jour, une troupe de vingt argollets appartenant à M. de la Baume s'emparaient d'une porte par surprise, afin qu'on ne pût pas leur refuser le logement.

Un autre receveur, nommé Reynard, se présentait à son tour, le mois suivant, au nom de M. de Morges, avec vingt argollets, et venait réclamer 500 écus; la ville ne put en donner que 200, et obtint, pour le reste, un sursis jusqu'à la Saint-André suivante (30 novembre).

Nos habitants n'étaient pas seulement à bout de ressources; leur patience se refusait à de plus longues épreuves, et, dès la fin d'août, ils avaient fait dresser une requête à M. le président-gouverneur, à l'effet d'obtenir que des commissaires délégués vinssent constater « la poureté de la ville, démolition de maisons et surcharge des feux ».

La requête rédigée par Piémont fut d'abord renvoyée par le président de Saint-André à une assemblée générale qui devait se tenir le 6 ou le 7 septembre; mais cette assemblée s'en déchargea à son tour sur la cour du par-

(1) C'est presque toujours à l'ancien consul Pilloton que l'on vient réclamer maintenant les arriérés d'impositions ; quelque temps auparavant (juin 1590), il avait même été emmené prisonnier à Vienne, pour un motif de cette nature ; ce qui laisse supposer que l'administration de cet officier municipal était loin d'avoir été irréprochable.

lement; celle-ci accorda enfin le commissaire demandé. Ce fut M. le conseiller Soffrey de Boczosel, s[r] du Chastellard, qui arriva le 3 janvier et qui fut logé à la maison de « l'œuvre (1); la ville, consuls, chastelain et aultres notables, luy allerent faire la révérence le même jour. Le lendemain, au matin, continue Piémont (p. 277), je luy presente comme le secrestaire de la ville, un cayer tirant quarante feuillets contenant nos griefs, la diminution du peuple, la perte et ruyne des maisons, les biens alienez à main exemte et privilejiée..., les habitans qui avaient deshabité et allés ailleurs, pour estre libres des tourments que les habitans recepvoient aud. lieu par les gens de guerre et commissaires. Nous luy produimes aussy l'acte et enqueste de la derniere revision des feux de lad. ville faicte en l'an 1450, par les discours de laquelle nous n'estions qu'à 15 feux 2/3; neantmoins..., on nous tiroit à 25 feux sans raison ny cause, chose qui a rendu nostre ville deserte. »

M. le conseiller de Boczosel employa six jours à l'enquête qu'on lui demandait, et il entendit plusieurs témoins de marque, tant de l'abbaye que du bourg et des lieux circonvoisins : « noble frère Michel de Saint-Jullien, commandeur de Charny et recteur de Boutiers, ... frère François Roy, recteur de Saint-Laurent et commandeur de Nîmes, André Buisson, grand secrestain, et André du Teyt, chambrier..., personnes qui ont demeuré par longues années aud. monastère; noble Guillaume du Sollier, s[r] du Chatelard ; honorable Gilles Fayolle, dict la Tourne, de Saint-Estienne; Me Gaspard Vincent, notaire

---

(1) C'est-à-dire à la maison spécialement attribuée au titulaire de la charge importante d'Ouvrier de l'abbaye. On sait que depuis l'année 1363 la commanderie de Gap était annexée à cette charge. Le titulaire actuel était le Père Antoine Anisson ; son frère, Charles Anisson, avait résigné cet office en sa faveur en 1572.

à Chevrieres » dont le père et l'oncle « ont esté rentiers de l'abbaye, etc. »

On eut bien soin de faire constater au commissaire « les ruynes de la ville » et d'en demander l'insertion au procès-verbal de son rapport. Il se retira ensuite, après avoir reçu vingt et un écus pour ses vacations, deux écus pour son clerc; ce qui, joint aux vingt-sept écus que coûta l'entretien de ces deux personnes pendant leur séjour, élève la dépense totale de cette affaire à cinquante écus. Le bourg n'avait plus, maintenant, qu'à attendre le résultat de l'enquête; il s'étudia de plus à en favoriser l'heureux aboutissement par des instances discrètement réitérées; mais près de cinq années devaient s'écouler de la sorte, avant qu'il pût voir ses efforts couronnés par une « sursoyance de la moitié des feux. »

Durant ce long intervalle, combien d'exactions nouvelles n'allaient pas fondre encore sur la communauté ? Le rôle des assignations, pour les seuls trois premiers mois de l'année 1591, peut en donner une idée : le montant en a été consigné par Piémont, et s'élève au chiffre à peine croyable de 1,580 écus 20 sols (1).

De plus, les compagnies continuent, comme précédemment, à tenir la campagne, et leur passage est ordinairement marqué par des dévastations sans nombre. Le dimanche 22 février, 220 hommes du régiment de Montbellet (2) arrivaient à Saint-Antoine avec commission du baron de la Roche, gouverneur de Romans. Ces soldats étaient animés des intentions les plus hostiles, parce qu'une bande de leurs argollets avait été précédemment repoussée du bourg, et que nos habitants en avaient même

(1) P. 373. Pendant ces trois mois, il fut levé en Dauphiné pour frais de guerre, 58,092 écus 8 sols 10 deniers. (Note de M. B.-D.)

(2) Scipion de Maugiron, baron de Montbellet, était le troisième et dernier fils de l'ancien lieutenant-gouverneur Laurent de Maugiron.

tué un sur la brèche (1). Ils montrèrent leur fureur en brisant portes et fenêtre, et se préparaient à demeurer une semaine entière, quand on put obtenir leur départ, moyennant 41 écus

Parmi les nombreuses courses et violences exercées à cette époque par d'autres capitaines, mentionnons seulement, avec le regret de ne pouvoir être plus explicite que Piémont, « plus de trente ravages de (François) de Frize », dans le but d'arracher le consentement du bourg pour une affaire qui l'intéressait personnellement et dont nous aurons à parler bientôt.

La mise en liberté et le retour dans la province du colonel-gouverneur d'Ornano, au mois de mai, vint redonner quelque espérance de jours meilleurs. Le 10 mai, il était à Saint-Marcellin, et les religieux de l'abbaye, à la suite de leur grand prieur, M. des Goys, et plusieurs autres notables allèrent le saluer. Le grand prieur lui fit hommage des insignes de l'ordre, composés d'une « *potence* », c'est-à-dire d'un *tau,* en or « avec le gros cordon qui avoit cousté 20 escus. » D'Ornano parut très satisfait et déplora les malheurs auxquels Saint-Antoine avait été exposé durant son absence forcée. Il eût fallu autre chose que ces belles paroles, pour mettre le bourg à l'abri de nouvelles et imminentes calamités.

Le principal créancier de Saint-Antoine se trouvait être alors le capitaine de Briquemaud, neveu par alliance de l'abbé Louis de Langeac (2). On lui devait la somme énorme de 2,262 écus 30 sols; mais la parenté qui le rattachait, pour ainsi dire, au bourg, permettait d'espérer de sa part quelque ménagement dans l'exigence de son

(1) Cette affaire avait eu lieu le 22 novembre dernier.

(2) Gaspard de Beauvais, s[r] de Briquemaud, dit le boiteux, avait épousé Françoise de Langeac, nièce de Louis, abbé de Saint-Antoine.

assignation. Ce fut tout le contraire qui arriva : de Briquemaud avait un différend avec son oncle, et c'était même sur sa demande que les assignations auxquelles il avait droit, avaient été portées sur Saint-Antoine. Il fit savoir d'abord qu'il exigerait jusqu'au dernier sol ; puis, « pour nous ayder à payer, dit Piémont, et nonobstant nostre misere nous envoya toutte sa compagnie en nombre de 66 chevaux, conduicts par un Latour (1), avec desliberation de prindre les hommes prisonniers et ne partir qu'ils ne feussent payés. »

La nouvelle de ces projets de contrainte parvint heureusement au bourg, avant ceux qui devaient les exécuter. Aussitôt « la plus part » des habitants s'enfuirent et évitèrent ainsi les violences dont furent victimes ceux qui avaient cru pouvoir demeurer dans leurs maisons. Pendant six jours, du samedi 14 décembre au 20 suivant, les soldats du s[r] de Briquemaud furent les maîtres absolus de Saint-Antoine, et nul doute que cette occupation violente ne se fût prolongée davantage, sans une intervention à laquelle on n'était plus guère en droit de s'attendre : le concours intéressé, il est vrai, mais pourtant précieux, de François de Frize, allait pour une fois procurer au bourg la délivrance de ses oppresseurs.

L'ambition de beaucoup de bourgeois roturiers, à cette époque où un privilège déjà ancien exemptait les nobles et le clergé des tailles et des contributions, était d'obtenir, par des lettres de noblesse, les droits aux mêmes privilèges. Mais l'immunité, ainsi obtenue par quelques-uns, était en réalité un surcroît de charges pour leurs concitoyens qui n'en devaient pas moins parfaire, comme auparavant, le total des impôts exigés, et payer ainsi la

---

(1) Le capitaine la Tour (Hector Belle), s[r] de la maison forte de la Tour, à la Bâtie de Cognin.

quote-part des nouveaux annoblis. Aussi, les communautés ne manquaient-elles jamais de s'opposer à l'enregistrement des nouvelles lettres de noblesse; et c'était un litige de cette nature qui, depuis longtemps déjà, mettait tant d'animosité entre la famille de Frize et les bourgeois de Saint-Antoine. Peut-être même les violences dont nous avons vu ces derniers si souvent victimes, n'avaient-elles d'autre but que de leur arracher par la force le consentement désiré.

Quoi qu'il en soit, François de Frize était maintenant résolu à un compromis; et voyant que Saint-Antoine avait besoin d'argent, il lui fit proposer d'un seul coup 1,000 écus, pour payer le s[r] de Briquemaud. La seule condition était « que l'on consentiroit à l'enterinement des lettres royaux pour jouïr de l'exemption des tailles. » Dans la conjoncture critique où ils se trouvaient, les habitants furent tout heureux d'accepter : l'accord fut conclu par M. de Lambert, avocat, et passé devant le notaire Poudrel.

On put recueillir encore de diverses sources 658 écus lesquels, joints à ceux fournis par de Frize, réduisirent à 604 écus 30 sols la somme dont on était redevable à Briquemaud. Celui-ci voulut bien s'en contenter pour le moment, et fit retirer sa troupe à Serre, puis à Moras. Mais un mois ne s'était pas écoulé que la même compagnie revenait loger à Saint-Antoine, pour essayer de nouvelles instances de payement. Quand elle partit après trois jours, on ne lui devait plus que 80 écus; son capitaine ne voulut faire grâce de rien, et il renvoya un peu plus tard quatre gens d'armes qui « ne bougerent qu'ils ne feussent payez, de fasson qu'ils depenserent plus que ne montoit leur debte. »

Ajoutons avec Piémont que ces exactions sans pitié ne portèrent pas bonheur au « boîteux de Briquemaud : car estant allé, en Languedoc, aux bains, avec l'argent indeument prins sur nous, aussitost qu'il y fust, il y print le mal aux bras et le feu... d'où il mourust, qui fust une pugnition divine ».

Tous les passages ou logements de troupes n'étaient pas, à beaucoup près, aussi à redouter que ceux dont nous venons de parler, et, quand ils se faisaient dans les conditions de justes dédommagements de la part de ces troupes, les populations en prenaient assez facilement leur parti. C'est ainsi que deux compagnies de gens de pied, commandées par les capitaines Tite et Manuel, séjournèrent à Saint-Antoine du 24 décembre 1591 au samedi 11 janvier suivant, avec la commission de payer « raisonnablement. » Toutefois, Eustache Piémont trouve encore ici le moyen de se plaindre, et remarque que ces compagnies, sans tenir compte de la cherté extraordinaire des vivres à ce moment (1), « ne vouleurent accorder que six sols par jour pour soldat, qui en despensoient bien quinze, parce que le vin valoit cinq sols le pot, la livre de miche deux sols ».

Cependant, la communauté de Saint-Antoine ne perdait pas de vue sa précédente requête pour le rabais du nombre de ses feux, et épiait les occasions d'en rappeler le souvenir au colonel-gouverneur. Le samedi 25 janvier 1592, d'Ornano se trouvant de passage à Saint-Marcellin, le bourg lui députa le P. François Roy, le consul Lavis et le s[r] Antoine Mignon. Ces notables firent valoir auprès du colonel les dépenses excessives que leur avaient occasionnées les compagnies de soldats; ils lui remontrèrent en particulier la surcharge des feux, et comment leur ville, cotée à vingt-cinq, en tenait tout au plus dix; cette constatation avait d'ailleurs été reconnue déjà par

(1) « Pour lors le populat estoit en grande disette de vivres, plusieurs faisoient du pain de gland en ce païs » (p. 288).

l'ancien lieutenant-gouverneur, et Maugiron, à la poursuite des consuls en 1585, les avait déchargés de dix feux; or, concluaient-ils, depuis cette époque, « la ville s'estoit diminuée des deux tiers et d'advantage. »

D'Ornano répondit par des paroles de commisération, et finit en invitant nos envoyés à revenir lui présenter leur requête aux Etats de la province qui allaient s'ouvrir à Grenoble (1). « Ce qui fust faict; mais l'Estat n'y vouleut rien toucher » et renvoya les suppliants au roi. En vain eut-on de nouveau recours à d'Ornano par l'intermédiaire de M. le conseiller de Chevrières, maître des requêtes (2); la réponse fut encore dilatoire, et la supplique remise à une assemblée de « MM. du païs » à Vienne.

Le P. Roy, recteur de Saint-Laurent, fut une seconde fois choisi pour aller plaider à cette assemblée les intérêts de Saint-Antoine, et on lui adjoignit, en sa qualité de « secrestaire de la ville », notre annaliste Eustache Piémont. « Nous demourames treize jours, dit-il, (et) enfin, nous obtinmes rabais de feux de la moitié. » Mais, pour entrer en jouissance de cette faveur, une dernière formalité restait à remplir : il fallait attendre le consentement du roi. Ce fut cette condition qui arrêta encore en si bonne voie la réussite complète de l'affaire. Henri IV avait bien d'autres soucis en ce moment (3), et Saint-Antoine dut se résigner à attendre des jours meilleurs.

Depuis que la ville de Grenoble, demeurée jusque-là le

(1) Ces Etats s'ouvrirent deux jours après, 27 janvier, et durèrent jusqu'au 12 février.

(2) Jean de la Croix, seigneur de Chevrières, après avoir été conseiller au parlement de Dauphiné, avocat général, président et de plus conseiller d'Etat, entra dans les ordres après la mort de sa femme, Barbe d'Arzag, et devint évêque de Grenoble en 1607; mort en 1619.

(3) Il était occupé, depuis le 13 novembre 1591, au siège de Rouen, qu'il fut obligé de lever sans succès le 20 avril 1592.

rempart du parti des ligueurs en Dauphiné, avait ouvert ses portes (novembre 1590) à l'armée de Lesdiguières, commandant au nom du roi, le théâtre principal des opérations s'était trouvé transporté autour de Lyon, où était retranché d'Albigny (1), aux ordres de Charles-Emmanuel de Savoie, duc de Nemours. On regardait donc la guerre comme virtuellement terminée dans la province, et d'Ornano avait reporté ses forces au midi, du côté de la Provence.

Tout à coup (juillet 1592), on apprend que Vienne vient d'être rendu aux ligueurs, et que le duc de Nemours s'avance dans le Dauphiné à la tête d'une armée considérable. Charles-Emmanuel venait, en effet, de passer à la Côte Saint-André; il arrivait bientôt après à l'Albenc, et de là faisait « sommer ceux de Saint-Marcellin de luy rendre obeyssance, aultrement qu'il les mettroit à feu et à sang. » La terreur fut grande dans toute la région, d'autant plus qu'on disait cette armée composée en grande partie d'étrangers, de savoyards et d'italiens; beaucoup prenaient la fuite, et de Saint-Antoine, plusieurs se retirèrent à Romans et ailleurs.

Aussi bien, les habitants de Saint-Marcellin, sous le coup de la même crainte et redoutant de plus des représailles contre leur ville, se montraient disposés à ouvrir leurs portes; ils se seraient même rendus immédiatement à la sommation du duc de Nemours, sans la tenacité du commandant de la place au nom d'Ornano, le capitaine corse Lucquet. Celui-ci ne voulut même rien entendre à une seconde sommation présentée le 15 juillet; et, comme la population manifestait de plus en plus son désir de

(1) Charles-Emmanuel-Philibert de Simiane, seigneur d'Albigny, troisième fils de l'ancien lieutenant-gouverneur de Gordes, avait été un des plus ardents champions de la ligue à Grenoble, contre d'Ornano; il s'était mis depuis, sous prétexte de servir la même cause, au service du duc de Savoie.

capituler, il se retrancha sur la *porte de Chevrières,* déclarant qu'il finirait là sa vie plutôt que de se retirer sans un ordre exprès de son maître le colonel. Mais deux jours après, le duc de Nemours arrivait en personne avec 1,000 ou 1,200 chevaux, pour faire la dernière sommation. Lucquet vit bien que c'était folie de s'obstiner davantage; et sur la promesse qu'il aurait la vie sauve, ainsi que les hommes de sa suite, il consentit à se retirer de la ville.

Le voisinage d'aussi graves événements pouvait avoir un violent contre-coup à Saint-Antoine; on n'en ressentit pas d'autre que celui de quelques contributions à fournir aux troupes d'investissement. Maugiron (Timoléon) qui faisait partie de cette armée, et qui était venu s'installer en son château du Molard pendant les pourparlers, « nous avoit demandé luy fornir pain et vin, une charge de chascun, aultrement qu'il nous courroit dessus. » Quelques jours après, la ville de Saint-Marcellin étant déjà au pouvoir des ennemis, le duc de Nemours envoya demander à Saint-Antoine « 6,000 pains entre blanc et gris (pesant) 30 onces pièce »; et ses commissaires en emportèrent « par force 2,724 livres... sans en donner acquit. »

L'armée des ligueurs se retira bientôt presque toute entière dans la direction de Miribel-les-Echelles, et ne laissa à Saint-Marcellin que 200 fantassins et 40 cavaliers avec le s[r] de Murinais (Jean Balthasard) pour gouverneur. Mais déjà d'Ornano, accouru à Romans, se disposait à reprendre l'offensive : ses préparatifs furent achevés dans le courant d'août; et le 26 de ce mois, 6,000 hommes de pied, 1,000 chevaux et six pièces de canon arrivaient devant Saint-Marcellin, commandés par d'Ornano et Lesdiguières en personne (1).

(1) « L'armée estoit rangée en quatre bataillons, l'infanterie et la cavalerie en quatre et bien armées; c'estoit la plus belle armée qu'on eust encore veu en Dauphiné pour le Roy. » (p. 300).

En présence de forces aussi considérables, le s[r] de Murinais offrit de rendre la ville par capitulation; ce qu'on lui accorda, malgré les protestations de Lesdiguières qui « vouloit foudroyer Saint-Marcellin et mestre au fil de l'espée la garnison, pour monstrer que puisque telles bicoques permettent qu'on menne le canon, il est besoin de leur (en) faire (supporter) la despense. » Cette capitulation eût lieu le samedi 30 août 1592; quant au château du Molard, les ligueurs l'avaient évacué le jeudi précédent.

Pendant les quatre jours que l'armée royale demeura autour de Saint-Marcellin (1), « ses coureurs et picoureurs » firent de grands ravages dans les environs; mais Saint-Antoine en fut préservé, grâce à la bienveillante et prévoyante attention du colonel-gouverneur qui, « pour l'amitié qu'il portoit aud. lieu, envoya 25 argoullets de ses gardes pour nous conserver », ayant de plus soin de fournir à la dépense de ses hommes.

(1) « L'armée descampa le dimanche 30 aoust, à l'aube du jour, et alla à la Coste espérant d'attirer l'ennemi »; mais le duc de Nemours se retira du côté de la Savoie; « ce que voyant, du dimanche 6 septembre, l'armée du roy se desbanda » (p. 301).

CHAPITRE XIV (1592-1597)

PRÉTENTIONS DE D'ORNANO SUR LE TEMPOREL DE L'ABBAYE DE SAINT-ANTOINE ; RÉSISTANCE DU GRAND PRIEUR DES GOYS. DERNIER CONTRE-COUP DE LA GUERRE A SAINT-ANTOINE ; PASSAGES DE TROUPES ; REFUS DE RECEVOIR CELLES QUI SE PRÉSENTENT SANS COMMISSION RÉGULIÈRE. VIF INCIDENT QUI MENACE DE DÉGÉNÉRER EN RIXE SANGLANTE.

CONCLUSION : MORT DE L'ABBÉ LOUIS DE LANGEAC ET ÉLECTION DE SON SUCCESSEUR, ANTOINE TOLOSAIN.

La protection particulière dont le colonel-gouverneur semblait vouloir redoubler les manifestations envers Saint-Antoine, n'était peut-être pas sans mélange de vues personnelles. Nous avons même des raisons de croire qu'il avait en cela une arrière-pensée bien extraordinaire chez un homme de sa condition : celle de se ménager comme un droit de patronage sur l'abbaye, toujours si puissante malgré ses désastres récents et la décadence intérieure qui déjà en préparait la ruine.

En tout cas, une circonstance éveilla bientôt chez d'Ornano l'ambition de s'immiscer directement dans les affaires de l'abbaye en essayant de s'en rattacher toute l'administration temporelle. L'abbé régnant depuis près de quarante ans, messire Louis de Langeac, qui se trouvait plus volontiers à la suite des princes de la ligue que dans son abbaye, venait de tomber entre les mains des gens du roi prétendant, et il était retenu prisonnier à Champlitte (1). D'Ornano crut que, de ce fait, l'abbaye

(1) C'est à Gray en Franche-Comté, « où il s'estoit retiré à cause des troubles » (p. 307), que l'abbé de Langeac fut pris en 1592 ; envoyé de là à Champlitte près de Langres, il fut remis en liberté peu après, moyennant une rançon de « 12,000 écus. »

était vacante; il en sollicita la concession pour lui auprès de Henri IV et l'obtint sans peine. Mais le plus difficile était de se faire accepter, lui laïc, étranger et homme de guerre, par les religieux si jaloux de leurs libertés et de leurs prérogatives.

Pour commencer, il se résolut à ne faire valoir qu'une partie de ses prétentions; partie qui, à vrai dire, était de beaucoup la principale à ses yeux : il envoya deux officiers civils, Me Claude de la Grange, lieutenant particulier au siège de Saint-Marcellin, et son propre secrétaire, Gauvin, pour « commettre un économe au régime et administration des fruits de l'abbaye. »

A leur arrivée à Saint-Antoine, le 4 décembre 1592, les deux envoyés trouvèrent les religieux réunis pour les recevoir « en la grande cour de la maison abbatiale. » Le lieutenant de la Grange « leur fit entendre la cause de sa commission, la charge qu'il avoit et le désir que mond. s[r] le colonel a au soulagement dud. lieu, tant pour la conservation du monastère que des habitans de la ville, et les pria, suivant sa charge, d'y nommer un économe à leur gré et volonté, que mond. s[r] le colonel le tiendra pour agréable. » — Le grand prieur, M. Gratian des Goys, vicaire général de l'abbé absent, répondit simplement à ce discours qu'il avait « presté vœu et juré fidélité et obeyssance à son prélat et qu'il ne pouvoit, sans le consentement d'iceluy, consentir lui-mesme à telle procédure; mais qu'il en demandoit copie, et que, pour ce qui regardoit mond. s[r] le colonel, il estoit son humble serviteur, le priant de l'excuser. » Les autres religieux, « pour le corps du couvent, » parlèrent ensuite dans le même sens, et le lieutenant de d'Ornano dut rentrer à Saint-Marcellin, sans avoir rien conclu.

Cette fière attitude et ce calme résolu chez nos religieux de Saint-Antoine firent-ils comprendre au colonel-gouverneur qu'il se fourvoyait et que son ingérence ici ne pouvait être qu'odieuse? Ou bien la mise en liberté de l'abbé de Langeac, qui arriva peu après, lui permit-elle de se désister, en sauvant au moins les apparences?... Nous ne voyons pas qu'il ait donné suite à cette affaire, dans laquelle son but était trop visiblement l'augmentation de ses propres revenus.

Les derniers efforts de la ligue expirante, en Dauphiné, ne se faisaient plus sentir maintenant que dans la vallée du Graisivaudan et sur les frontières de Savoie (1); mais c'en était assez pour tenir en haleine les troupes réunies de Lesdiguières et de d'Ornano, et pour nécessiter, même loin du théâtre des opérations, ces déplacements et ces passages de troupes toujours si onéreux aux pays traversés. Mais Saint-Antoine n'oubliera pas, à l'occasion, que ses derniers désastres lui sont arrivés surtout par défaut de précaution à l'endroit des bandes armées, régulières ou non, qui couraient la région. Bien instruits désormais et forts de l'expérience que donne l'épreuve, avec le même courage, la même énergie qu'autrefois dans les beaux jours, et soutenus d'ailleurs par l'approbation assurée d'avance du colonel-gouverneur, les habitants du bourg vont se montrer intraitables sur la question de logement et feront valoir, dans toute son étendue, les prérogatives de leur sauvegarde.

Un jour, sur la fin du mois de juillet, un détachement de l'armée royale qui s'était disloquée, après la prise du Pont-de-Beauvoisin, approchait de Saint-Antoine; son chef, le comte de Grignan, fit prendre les devants à trois gens d'armes de sa compagnie, avec ordre de préparer les logements au bourg. Les habitants répondirent à cette demande en exhibant leur privilège d'exemption; et, comme les gens d'armes prétendaient n'en pas tenir

(1) C'est le moment des grands succès de Lesdiguières aux batailles d'Exilles et de Pontcharra.

compte, ils les rejetèrent dehors sans plus de façon. Quand, un peu plus tard, la compagnie entière se présenta, les portes du bourg étaient soigneusement fermées et défendues ; les arrivants firent bien, un instant, « les mauvais garçons » et montrèrent leur méchante humeur en essayant de mettre « le feu à la porte de Romans, par certaine paille qui estoit lors au chemin ; » mais devant la contenance assurée de la ville, ils se résignèrent à passer outre.

Le lendemain, ce sont les gens de M. de La Baume et de la garnison de Romans qui viennent à leur tour et demandent à loger ; ils sont accueillis comme ceux de la veille et forcés d'aller ailleurs.

A plusieurs reprises, nous voyons encore notre petite ville maintenir fièrement son droit de sauvegarde, et ne pas même reculer pour cela devant les moyens de rigueur. Le 1er janvier 1593, vingt soldats « incogneus, » étant venus sur le tard et ne pouvant justifier d'une commission en règle, sont immédiatement et sans autre formalité reconduits en dehors de l'enceinte. Trente autres soldats qui les suivent, doivent pareillement continuer leur chemin et aller chercher un logement jusqu'à Montmiral, etc. Il en fut de même, le 23 mars suivant, pour un capitaine corse du nom de Montio, qui, par vengeance, alla établir sa compagnie à quelque distance, au château de la Rivoire, et s'obstina à y demeurer jusqu'à ce qu'on lui eût passé une obligation de cent écus, auxquels il prétendait avoir droit.

Une autre fois, 3 juin, Saint-Antoine, ayant eu de nouveau le téméraire courage de résister à des soldats corses, faillit devenir le théâtre d'une rixe sanglante. Ces soldats au nombre de trente, sous la conduite d'un lieutenant, étaient venu réclamer, outre le logement, 486 écus 40 sols, que leur compagnie avait en arriéré sur les dernières assignations. On eut très probablement accordé le logement à cette troupe, parce qu'elle appartenait à la garde même du colonel-gouverneur, et que, de ce chef, elle était censée avoir de lui commission expresse; mais la demande d'argent parut exorbitante, et la réponse fut un refus couvert où l'on reprochait surtout aux soldats d'être venus « en si grand nombre » — (ils n'étaient que trente) — pour lever une assignation.

Les corses, naturellement violents, ne purent alors contenir une explosion de colère : « ils vouleurent faire les mauvais ; » mais le peuple se fâcha de même : il s'amasse d'un côté, pendant qu'eux vont « se retrancher vers le puy en la basse rue, » saisissent les avenues et se logent dans trois maisons. Le peuple exaspéré voulait les tailler en pièces ; et comme eux prenaient pareillement leurs dispositions pour une défense acharnée, une lutte terrible était imminente. Heureusement les autorités du bourg intervinrent alors : par leurs « remonstrances, » ils réussirent à contenir la foule et décidèrent les soldats à ne laisser que deux des leurs pour prélever l'assignation. Cependant, comme c'était le soir, les corses demeurèrent, pour cette nuit, dans les maisons où ils s'étaient retranchés ; et nos habitants, reprenant aussitôt des sentiments de conciliation et de justice qu'ils n'auraient pas dû quitter, témoignèrent de leurs bonnes intentions et peut-être de leur repentir en fournissant à leurs hôtes tous les vivres nécessaires (1).

Nous devons arrêter là le récit des événements survenus à Saint-Antoine pendant *les guerres de religion et*

(1) Braves cœurs au fond, ces habitants de Saint-Antoine ! énergiques dans leurs revendications, mais plus amis encore de la conciliation et des moyens d'entente, quand la réflexion permettait à leur bon sens de s'élever au-dessus de préventions inintelligentes ou des conseils mal intentionnés.

de la ligue; déjà même, dans les derniers épisodes, nous sommes sortis quelque peu du cadre tracé par notre titre, puisque la conversion du roi Henri IV au catholicisme (août 1593), et son sacre (27 février 1594), en enlevant désormais tout prétexte à la ligue, donnait plutôt un caractère de révolte à la poursuite de la guerre, et à ses partisans un rôle de séditieux.

D'ailleurs, Saint-Antoine ne prend plus maintenant qu'une part très indirecte au mouvement extérieur, et nous nous contenterons de placer, comme en épilogue, le récit d'un fait capital pour l'abbaye, et qui coïncide assez exactement avec l'année où nous a conduit cette étude.

En 1597, en effet, après une élection régulière et solennelle, l'illustre Antoine Tolosain succédait, dans le gouvernement abbatial, au trop peu religieux Louis de Langeac, et, après les années si désastreuses du règne précédent, semblait prédestiné par le ciel pour réparer les ruines morales et matérielles, pour rendre à tout l'ordre de Saint-Antoine quelque chose de son ancienne splendeur et de sa première sainteté.

Messire Louis de Langeac, abbé de Saint-Antoine depuis l'année 1559, était mort à Paris le 24 septembre 1597 « sans avoir pourveu ny résigné aulcun bénéfice pour régir le siege vacquant. » La nouvelle n'en parvint à l'abbaye que seize jours après, le vendredi 10 octobre, et MM. les religieux composant le chapitre s'assemblèrent aussitôt « capitulairement » pour l'élection des « vicaires régens, » conformément aux statuts de l'ordre.

Furent élus : « MM. frère Antoine Grillet, commandeur de *Chambéry* (1), Balthazar du Cluzel, commandeur

(1) Antoine Grillet était commandeur d'Annonay dès le 20 janv. 1588, et encore le 12 juillet 1595 (vol. 1595, f. 48) ; — commandeur d'Aubenas en 1595-99 ; or, il nous est donné ici, en oct. 1597, par Piémont, comme commandeur de Chambéry. D'autre part cependant, Jean de

de Grenoble, au lieu du s[r] grand prieur [décédé], et frère François Roy, recteur de Saint-Laurens » et commandeur de *Troyes* (1), avec les mêmes pouvoirs « que le défunct abbé pour administrer et conférer les bénéfices, créer religieux, admettre à profession, » etc. (2).

Quatre jours après, c'est-à-dire le mardi 14 octobre, on tint un autre chapitre extraordinaire pour décréter que l'élection du futur abbé aurait lieu le lendemain, à huit heures du matin, dans la chapelle de Saint-Michel, et que tous les religieux « cloistriers et prestres, » actuellement

---

Loyac, auteur d'une vie du P. Tolosain, *Le bon prélat*, etc., pp. 61, 89, attribue cette commanderie en 1596 et la fonction remplie ici par Antoine Grillet, au P. [Antoine] Anisson. C'est là une double erreur qu'Eust. Piémont réfute lui-même dans ses *Minutes* (vol. 1589 et suiv. *passim*), d'où il conste que, pendant ces sept années, frère Antoine Anisson était commandeur de Chambéry, et en même temps ouvrier et commandeur de Gap, jusqu'à sa mort arrivée au mois d'*août 1597*, (vol. 1598, f. 9). Antoine Grillet mourut le 10 oct. 1599. Il était alors régent et ouvrier, et il n'avait été commandeur de Chambéry qu'à la fin de 1597. — Ces inexactitudes multiples ne prouveraient-elles pas qu'Eustache Piémont n'écrivait ses *Mémoires* que longtemps après les événements ?

(1) Frère François Roy ne fut pourvu de la commanderie de Troyes qu'à la fin de cette même année 1597 (*Répert. gén.* d'Eust. Piémont, fol. 312, v°) ; car l'abbé Louis de Langeac fut jusqu'à sa mort commandeur de Lyon, Aumônières, *Troyes* et Paris, où il décéda. — Disons encore un mot du frère Fr. Roy, dont le nom est passé si souvent sous notre plume. Originaire de Saint-Antoine, il était fils d'Audibert Roy et de Claude Bertalle. Il remplit de nombreuses charges dans son ordre et mourut le dim. 28 sept. 1614 « 70 ans après la profession de sa relligion, et de son aage 85. » (vol. 1604, sur la couverture.) — « Le mardi, 30 dud., à la messe de prime, le corps a été mis dans l'une des quatre tumbes, dans la grande esglise. » *Livre de raison de feu M. de St-Laurent*, cité plus loin.

(2) « De quoy j'ay receu l'acte de l'eslection et nomination en forme », ajoute Piémont, (p. 421). On peut en voir une copie aux Arch. du Rhône, H, fonds de St-Antoine, carton 214 : « Formulaire » coté « H. 1830. » Tous les actes concernant cette élection de l'abbé Tolosain étaient contenus dans le vol. 1597 d'Eust. Piémont ; cet important volume a malheureusement disparu (avec plusieurs autres) !

présents à Saint-Antoine, y prendraient part par voie de scrutin (*via scrutinii*). Et afin que nul ne vînt ensuite prétexter ignorance après l'acte accompli, le même chapitre ordonna que son décret de convocation serait publié par « le s^r chambrier adsisté du secrestaire dud. chapitre » et que l'on en mettrait des « affiches par les carrefours et à la grande porte de l'esglise. Ce qui fust faict. » On procéda ensuite à la désignation de quatre promoteurs, pour représenter dans l'élection chacune des quatre langues que comprenait l'ordre, et ce furent : pour la France, frère André Buisson, grand sacristain ; pour l'Italie, frère François Roy, commandeur de *Troyes* ; pour l'Espagne, frère Antoine de Gramont, commandeur de Vienne ; pour l'Allemagne, frère Antoine Grillet, commandeur de *Chambéry*. Les trois commandeurs de *Chambéry*, de *Troyes* et de Vienne furent aussi désignés pour scrutateurs. Enfin, deux notaires furent nommés pour recevoir les actes de l'élection : Me Pierre Chabrey, de Saint-Antoine, et notre annaliste Eustache Piémont, qui s'intitule de plus ici « secrestaire dud. chapitre. »

Le lendemain donc, à l'heure fixée par la proclamation de la veille, les capitulants assistèrent tous à la grand'messe du Saint-Esprit et y communièrent, car il n'y eut pas d'autres messes, ce jour-là, à l'abbatiale ; après quoi, ils entrèrent un à un « au revestiaire, » c'est-à-dire dans la chapelle Saint-Michel, qui était le lieu ordinaire des assemblées, et s'assirent à leur place respective.

Le commencement de la séance fut encore consacré à deux formalités préliminaires : d'abord le choix de deux témoins laïcs « adsistans à lad. eslection » et qui furent noble Claude de la Porte, seigneur de l'Arthaudière, et M. Me Antoine Brenier, docteur ès droit, avocat à Saint-Marcellin ; puis, le serment prêté par chaque religieux « sur l'effigie Nostre-Seigneur.... de procéder sainement, suivant leurs statuts, à eslection d'un futur abbé, homme digne et capable pour telle charge, profex dud. ordre, et par M[rs] les tesmoins et notaires ne révéler le secret et les voix de l'eslection qu'elle ne soit faicte et publiée. »

L'élection eut lieu immédiatement après, et voici le cérémonial et la forme qu'on y observa. Une table avait été préparée pour l'opération du scrutin derrière le maître-autel de l'église; les membres de ce que nous appelerions *le bureau*, c'est-à-dire les trois scrutateurs avec les deux témoins et les notaires, prirent place auprès de cette table.

Les religieux furent ensuite appelés individuellement, selon leur rang d'ordre. Ils renouvelaient, au nom du Sacrement qu'ils venaient de recevoir, le serment déjà prêté de n'élire qu'une personne digne et capable, et déposaient leur vote rédigé par écrit entre les mains des scrutateurs. Chaque religieux signait après avoir voté, et s'en retournait à sa place au revestiaire, sans que l'électeur suivant pût savoir « ce qu'avoit dict et nommé l'aultre. »

Quand tous les votes eurent été déposés de la sorte, et les religieux de nouveau rassemblés au revestiaire, les scrutateurs et leurs assistants s'y transportèrent à leur suite, pour présider au dépouillement des bulletins; ce qui fut fait par le secrétaire de l'abbaye, c'est-à-dire par Eustache Piémont lui-même, auquel nous empruntons tous les détails de ce compte-rendu.

Le résultat fut que l'unanimité des suffrages, moins une voix (1), se trouvèrent réunis sur la personne du « Révérend Père frère Antoine Tolozan..., docteur en théologie,

---

(1) La voix de l'élu fut donnée à noble frère Antoine de Gramont, commandeur de Vienne, et non grand prieur, comme l'affirment Dassy, *L'Abbaye...*, p. 277 et J. de Loyac, *Le bon Prélat*, p. 50, 130. On sait qu'Antoine de Gramont devint, en 1615, le successeur du P. Tolosain dans la charge abbatiale.

homme doctissime » et universellement estimé dans l'ordre, bien qu'il n'eût encore que quelques semaines de profession (1). Aussitôt, les quatre promoteurs, au nom

---

(1) Le P. Antoine Tolosain était issu de la noble famille des Tolosany, de la ville de Carmagnole, en Piémont. Il naquit à la fin de 1555 dans la ville de Castelnaudary, en Languedoc, où son père remplissait alors les fonctions de juge majeur. Après avoir été quelque temps chez les PP. Jésuites, Antoine Tolosain s'adonna à la prédication et parut avec succès dans les chaires de Soissons, Laon, Rouen, Orléans, Reims et Paris. Il vint ensuite à Vienne en Dauphiné, où il se lia d'amitié avec l'archevêque Pierre de Villard et prêcha en diverses villes de la province. A Romans il entama une lutte énergique contre les huguenots, et c'est de là qu'il sollicita et obtint, par l'intermédiaire de Pierre de Villard, son admission dans l'ordre de Saint-Antoine. Il reçut l'habit de religion des mains d'Ant. Anissoñ, commandeur de Chambéry et vicaire général de l'abbé absent, le samedi dans l'octave de l'Ascension (25 mai 1596). Son année de noviciat s'écoula par dispense en grande partie à Romans, où il continuait le cours de ses prédications. Quand il fit profession, le 8 sept. 1597, entre les mains d'Ant. Grillet, commandeur d'Aubenas, aussi vicaire général de l'abbé, il voulut « par humilité » changer son nom de Tolosany en celui de Tolosain. Peut-être voulait-il simplement donner à son nom une désinence française. C'est ainsi que la ville de Lyon possède aujourd'hui la *rue Tolozan* et la *place Tolozan*, et aussi la *rue Gasparin*, nom qui lui est venu sans doute de la célèbre famille lyonnaise Gasparini, d'origine italienne. — Parmi toutes les variantes du nom de notre pieux abbé, nous adoptons de préférence la forme *Tolosain*, car c'est ainsi qu'il se signait lui-même. Cf. les *Minutes d'Eustache Piémont, passim.*

Nous empruntons ces détails, à deux sources jusqu'ici inconnues, et que vient de retrouver un de nos confrères, dom Germain Maillet-Guy, de l'abbaye de St-Antoine. La première est une *Vie de Messire Antoine Tolosain, abbé de St-Antoine*, ms. aux ARCHIVES DU RHÔNE, H, fonds de St-Antoine, carton 185. — La deuxième source est : *Memoyres prins sur le Livre de raison de feu M. de St-Laurent*, ms. au même fonds, carton 214. — Nous prévenons le lecteur que, sur plusieurs points, ces documents d'origine antonienne rectifient, d'une manière certaine, deux autres biographies de l'abbé Tolosain, à savoir : *Le bon prélat, ou Discours de la vie et de la mort du Rév. Père en Dieu Messire Antoine Tolosany...*, par Messire Jean de Loyac. Paris, M.DC.XLV, in-12 ; — et : *Vie du P. Antoine Tolosan*, dans *Histoire de l'établissement de l'Ordre*, ms. U. 917, à la biblioth. de Grenoble. Ce dernier ouvrage, beaucoup plus biographique que le précédent, en a pourtant été tiré en partie, mais il a été augmenté de détails intéressants « forny par les mémoires des religieux. »

des quatre nations, se levèrent de leurs sièges et « dirent qu'ils approuvoient lad. eslection comme saincte et venüe par le Sainct-Esprit. »

Après cette reconnaissance officielle, mais privée, restait à accomplir la proclamation publique; on voulut y procéder sans retard, pendant que le peuple était assemblé dans la grande église. Les religieux allèrent se ranger dans leurs stalles au chœur, et le P. François Roy, étant monté « sur la turbine » c'est-à-dire au jubé, « où l'on avoit préparé un tapis vert, » fit la déclaration solennelle de l'élection. Le *Te Deum* fut alors entonné; les religieux « y respondirent en musique, » en même temps qu'ils venaient, par ordre, présenter au nouvel abbé leurs hommages et leur obédience (1).

Le lendemain, 16 oct. (*al.* le 26), une cérémonie d'un autre genre réunissait encore, dans la grande église, tous les notables de Saint-Antoine et des environs (2). On y célébrait un service solennel pour l'abbé défunt; les « vicaires régens » avaient eu soin de faire préparer pour la circons-

---

(1) Pendant plusieurs jours le P. Tolosain ne put se résoudre à l'acceptation de sa dignité. Au dire de son historien (*op. cit.*, p. 95), le chant du *Te Deum* d'action de grâces fut même interrompu à plusieurs reprises par ses protestations et ses sanglots. Puis, quand on eût vaincu les résistances de son humilité, la nouvelle se répandit que le roi avait déjà pourvu par ailleurs à la succession de l'abbé de Langeac. La solution de cette difficulté retarda l'envoi des bulles du nouvel abbé, qui ne furent expédiées de Rome que le 4 août 1599. Il prit possession le 13 janvier 1600, « et ledit jour après disner a confirmé ce que a esté faict et negotié par les régens. » Dans l'intervalle il n'avait voulu prendre que le titre d'*élu*, « M. l'Esleu », et concentrait exclusivement sa sollicitude sur la direction des novices et des nouveaux profès. Il fut bénit par l'archevêque de Vienne, dans son église abbatiale, le mardi 21 nov. suivant, « en grande solempnité, et après mond. sgr l'abbé a donné à disné à tous les religieulx et à la noblesse.....»

(2) « MM. de l'Arthaudière, de la Forteresse, de St-Véran, frères; noble Guy Antoine de Rostain, seigneur de Miribel; noble Nicolas de Chapponais, seigneur de la maison forte de St-Bonnet, etc., etc. »

tance vingt-quatre armoiries (1) et vingt-quatre torches pour le luminaire. L'oraison funèbre fut faite par l'abbé élu, et Piémont remarque que, parmi les vertus du défunt, l'orateur s'attacha surtout à mettre en relief la sollicitude de ce prélat pour sauvegarder le temporel de son abbaye. Le P. Tolosain n'aurait assurément pas pu étendre cet éloge et louer, au même titre, le zèle de son prédécesseur pour le maintien de la discipline intérieure et de l'antique régularité.

Cette grande œuvre de relèvement et de réforme était celle que le ciel destinait à lui-même de préparer, et qui allait faire l'objet principal de ses préoccupations pendant les quinze années de son gouvernement (2).

---

(1) Ces vingt-quatre écussons étaient probablement ceux des vingt-trois abbés prédécesseurs d'Antoine Tolosain, avec celui du nouveau prélat ou celui de l'ordre.

(2) L'abbé Antoine Tolosain mourut le 12 juillet 1615 avec la réputation d'un saint ; six mois après sa sépulture dans les caveaux communs à tous les religieux, dans l'église, on retrouva son corps intact et exhalant une odeur suave. L'abbé de Gramont le fit mettre dans un autre cercueil en chêne (le premier était en sapin), avec une plaque de plomb sur laquelle était écrit un sommaire de sa vie. Il demeura au même endroit jusqu'en 1660 où l'abbé Jean Rasse le fit transporter, sans ouvrir le cercueil, « dans un petit cavot qui est sous la lampe du presbytère, devant le grand autel, et dont *l'entrée est marquée par une étoile de cuivre plombée.* » *Vie ms. du P. Tolosan*, à la biblioth. de Grenoble, citée plus haut.

Pièces Historiques Justificatives

I

Inventaire des « joyaux » cachés dans la tour du cloitre au moment des premières guerres de religion (1).

Les abbé, grand prieur et religieux du monastère Saint-Anthoine en Viennoys, disent que les agentz dud. monastère, prevoyantz au commancement des troubles des guerres civiles dernieres, que plusieurs pilleries et voleries pourroient estre faictes, auroient donné ordre de resserrer entre autres chouses les ornementz d'esglise plus pretieux, mesmes en une maison appellée la tour, estant dans leurs cloistres, comme estant le bastiment plus fort et asseuré. » — (On ne mentionne ici que les ornements d'église.)

Premier : ung tapis de Millan de vellours vert, figuré avec les armoiries du duc de Millan, decosu au milieu ; ung flachet drap d'or, figuré de vellours vert ; une chasuble de vellours violet ; une chasuble de damas blanc ; une chappe de drap d'or ; une chappe de vellours cramoisy, figuré d'or ; une chasuble drap d'or, figuré de vellours cramoisy ; une chasuble drap d'or frizé avec son manupolle drap d'or ; ung parement drap d'or et vellours cramoisy ; une chappe de vellours cramoisy semée de rozes d'or ; une chappe de damas blanc semée de margarites de toutes coleurs ; une chappe de vellours cramoisy à follaiges drap d'or ; une chappe drap d'or ; une chappe vellours viollet et drap d'or ; une couverture d'hostel drap d'or et vellours bleu ; ung flachet vellours incarnat avec follaiges d'or ; ung tapis vellours cramoisy ; une chasuble drap d'or frizé ; une chasuble satin frizé d'or ; ; une chasuble de vellours cramoisy à follaiges d'or ; une chasuble de vellours vert ; une couverture de châsse drap d'argent ; une couverture vellours violet ; ung flachet vellours violet ; ung autre flachet de mesme ; ung flachet vellours drap d'or et vellours violet ; ung flachet damas blanc à folhaige ; une chasuble damas blanc ; une couverture vellours violet

---

(1) D'après une enquête faite le 3 septembre 1566. — Archives du Rhône, H, fonds de Saint-Antoine, carton 15.

cramoisy ; ung flachet damas blanc, figuré drap d'or ; ung flachet de vellours cramoisy à follaiges d'or ; ung parement d'hostel vellours cramoisy ; une chasuble de vellours cramoisy ; une chasuble damas blanc, figuré de folhaiges d'or ; une chasuble satin bleu semé d'estoilles d'or ; une chasuble d'or et vellours cramoisy ; une chasuble drap d'or et vellours vert ; une estolle et manupolle drap d'or et vellours vert ; une estolle drap d'or frizé ; une estolle avec le manupolle drap d'or et vellours cramoisy ; une aulbe destoillée avec ses paremens et lamée drap d'or.....

II

Procès-verbal-enquête du vibailly de Saint-Marcellin Antoine Garagnol, du 26 décembre 1568 (1).

Continuation des exécutions et procédures faictes des mandemens et arrests de la court par nous vibally et comissère, du vingt sixième décembre, M. V^c soixante huict.

Au lieu et ville de Saint-Anthoine.

Pour ce que nous serions esté advertis de la désollation et ruyne de l'église, maison abbatialle, du s^r grand prieur et autres particuliers dud. Sainct Anthoine chef d'Ordre, nous vibally juge maieur conseiller du Roi, comissaire en ceste partye pour entendre sy le service divin estoyt continué et les relligieulx estoient logés et receuz, nous sommes acheminés de la ville de Sainct Marcellin audit Sainct Anthoine dans la maison d'honneste homme Odibert Roy, dans laquelle aurions faict appeler Pierre Périer et Jehan Cloct consuls, Loys Lavis vichastelain, Charles Toussainct, Theaud Du Croz, Antoine Odibert, Pierre Raffas [ou Caffiot], Claude Anysson, Antoine Bouveron, Anthoine Yserable, conseillers de la communaulté ; avec lesquels nous sommes enquis sy le service divin estoyt cotinué et sur les points décretez en l'arrestz du douz^me dernier. Sur lesquels les susdits vichastelain, consuls et conseillers ont dict et declaré comme depuis Pasques floryes dernier ledit service divin a esté continué et célébré par les relligieulx de l'église et monastère dudit Sainct Anthoine dans la chappelle estant dans l'hospital dud. monastère, ne s'estant trouvé après les susd. ruynes et desmollitions lieu plus

(1) Extrait d'une longue série de procédures encore inédites, et que nous devons de connaître à l'obligeance de M. le chanoine Jules Chevalier, de Romans. — Voir plus haut, chap. III, p. 46.

commode, et que pour encores lesdits relligieulx ne seroint autrement logez sy ce n'est aux hostelleries et maisons de leurs parens que n'ont en appréhension que dans iceluy monastère il y aye aulcun relligieulx pour le présent de la prétendue relligion et oppinyon nouvelle ; ce que semblablement nous a esté dict et rapporté par vénérables relligieulx frères : Philibert de Montagud, commandeur de Gollomy, François Roy, commandeur de Nysmes, Charles Anysson, ouvrier, Bastian Reynaud, commandeur de Billon, et autres relligieulx d'icellui monastère avecq lesquels avons fait visitation de la susdite chapelle, de la maison abbatialle, de celles que appartenoient audit sieur grand prieur, et celles desd. relligieulx présens et appellez avecq nous, Me Guy Disdier, docteur en médecine, le susd. vichastelain et noble Enymond Teste, docteur en droictz, habitans à Sainct-Marcellin ; nous estant apparu tant par lad. visitation et veue occullaire, rapport des dessusd. que lad. chappelle estoit couverte emparée de toutes pars, de façon que sans aultre réparation le service divin y pouvoit estre continué atandant myeulx. Et quant aux susdites maisons, ilz estoient tellement ruynées que hors la chambre du rentier estant sur les degrez alant à ladite maison abbatialle, il ne seroit demourés lieu, chambre ou membre pour demourer lesdits sieurs relligieulx ; lesquelz à ceste occasion nous ont requis leur pourveoir suivant et à la forme dudit arrestz. Sur quoy après qu'il nous est apparu par le rapport des susdits consuls, vichastelain, comme en ladite ville ny avoyt aulcune maison de confrayrye, maison commune ou hospital pour loger lesdits relligieulx, nous avons commandé auxdits consuls en procédant oultre à l'execution de l'arrestz du dixième septembre dernier, nous baller par déclaration le nom et surnom de ceulx de ladite ville et mandement que depuis le dernier edict de paciffication se seroint eslevez en armes contre le Roy ou bien s'estoient absentez contre leur sermant. Quoy faict et après que les dessusdits consuls vichastelain et notables nous ont ballé par déclaration Pierre Ageron filz de Jacquemet, Me Claude Dupinet, notaire, Claude Bastard dict le Loup, Bastian Brunet, filz de Romanet, Anthoine Vignon dict Paris, Me Pierre de Frize, docteur en droictz, Pierre Beche dict Lambert, Anthoine Jasserme filz de Jehan, les deux Bayardons frères, Forbeillon, Eymard Coulon, Romans Moyet, le fils de Me Tougye gascon, Jehan Charmeil Pyollant, Jean Marchant dict Blanchon, le Brochet Massot, le gendre d'Arnollet Alard, Audibert Viollet, le mercier Masson, Anthoine Jacob et Me Jauguet. Nous avons au susdit Me Jacques Thomé, procureur du Roy octroyé contre iceulx, et chacun d'eulx lettre et prise de corps et à faulte de ne les pouvoir appréhender, comissaire pour les appeller à trois brefs jours mis et réduict sous la main du Roy leurs biens, enjoinct aux consuls pour le requis et gouvernement de leurs biens nommer personnes capables et suffisantes à peyne de les en charger et...audit vichastelain et à Mᵉ Oudin Devalloys pour escripre soubz nous pour procéder à l'inventaire des biens meubles et immeubles, papiers, doccumentz et instrumentz en présence desdits consuls, deux ou trois desdits capables silz se peuvent trouver, ou au deffaud de ce, de deux ou trois des voisins assignant auxdits sieurs relligieulx au jour suivant pour leur estre pourveu plus amplement que sera le vingt septième de décembre. Auquel jour les dessusdits comparant par devant nous sur l'inquisition faicte sur la commodité ou incommodité, nous estant comme dessus apparu de la nécessité, en présence et sur la réquisition des susdits relligieulx et de Mᵉ Jaques Thomé, substitut de Monsieur le procureur général du Roy.... avons ordonné pour logis audit noble frère Hector de Rux, grand prieur et vicaire général de noble frère Loys de Langhac abbé du monastère dudit Sainct-Anthoine, la maison de Claude Bastard dict le Loup, (et en son absence, à celluy ou ceulx que lui plaira nommer); audit noble frère Philibert de Montagud, la maison dudit de Frize, pour son habitation et de six relligieulx telz qu'il luy plaira appeler choisir et eslire ; et au surplus pour l'habitation des autres sieurs relligieulx et nommés, les maisons d'Anthoine Vignon dict Paris, et où il ne souffrira des autres desdits absens jusques à suffisance pour y habiter, tant seullement (lesdites maisons assises dans la ville et faulxbourgs Sainct-Anthoine.... comme dessus). Et jouir des meubles et boys qui s'y trouveront jusques ad ce qu'autrement il soit ordonné et que lesdits relligieulx ayent moyen de construire, rediffier et rebastir leursdits édifices, ordonne qu'à ces fins lesd. maisons seront deslaisséez par lesdits sequestres d'en laisser la possession, vuider et rendre lesdits meubles quant sera ordonné. Et lesdits consuls nous ont nommez pour sequestres les sieurs Anthoine Yzerable, Jehan Yzerable, Pierre Rivail, Pierre Raffiat [ou Caffiot], tous habitants dud. Sainct Anthoine ; lesquels après plusieurs enjonctions à eulx par nous faictes d'accepter la charge par foy et sermant, ont promis de bien et deuement regir et gouverner les biens dont il leur sera faict déclaration par les inventaire ou extraict que ordonnons leur soit balhié et en rendre compte et prester reliqua à qui appartiendra et sera ordonné avecq obligation et submission de corps et de biens. Et pour asseurance de ce que dessus, se sont soubsignés et faict leurs marques, sieur Claude Anysson de Sainct Anthoine, Mᵉ François Boisset, procureur de Sainct Marcellin, et Estienne Julian, clerc, natif de Luppé, pays de Forestz.

Anthoine Yzerable, Jehan Yzerable, Pierre Lambert.

Ant. Garagnol, vib. comissaire.

III

Enquête du 1er mai 1576 sur le saccagement dès archives de l'abbaye de Saint-Antoine (1).

« L'an mil cinq cens septante six et le premier jour du mois de may, devant moy, notaire soubsigné, et au devant de la maison de Melchior Allard, a comparu en personne honorable homme Claude Anisson, chastelain de la ville de St-Antoine, lequel, comme procureur et au nom de messire Louis de Langhac, abbé et seigneur dud. St-Antoine, comme il a dict et declaré, trouvant en personne aud. lieu honnorables hommes Antoine Besche Lambert, Humbert Catan, Claude Marchand, Guillaume Guilhermet ; Me Claude Dupinet, Me Jehan Poudrel, notaires royaux ; Noël Marchand, espinglier, Pierre Bernard, Antoine Mignon, Jean Moyet, tous de lad. ville de St-Antoine, et ausquels parlant tant pour et au nom dud. seigneur abbé que pour le grand prieur, couvent, commandeurs, officiers et religieux du monastère et ordre dudit St-Antoine, leur a dict et remonstré sy il ne seroit venu à leur notice, comme es années mil cinq cens soixante et deux et mil cinq cens soixante et sept, ceux de la pretendue religion refformée estrangère, qui pouvoient estre en garnison de ced. temps en lad. ville, ne prindrent et bruslèrent une infinité des papiers, tiltres et documents qui appartenoient aud. seigneur abbé et couvent, et autres particuliers religieux dud. monastère ; requérant led. chastelain procureur susdit, au nom qu'il procède, les susnommez, en voulloir faire declaration es mains de moy dit notaire ; lesquels tous ensemble, suivant lad. requisition, ont dict et declaré par serment, estre vray comme esd. années mil cinq cens soixante et deux et mil cinq cens soixante et sept, ceux de ladite religion pretendue refformée, soldats estrangers, auroient prins et bruslés tant en l'abbaye, clocher de lad. esglise et en beaucoup d'autres lieux, une infinité des papiers et documents desd. seigneurs abbé et couvent dud. St-Antoine, fors et excepté lesd. Humbert Catan et Claude Marchand, qui ont dit ne l'avoir veü, ains ouy dire à plusieurs personnes ; et les autres susnommés disent pour l'avoir veü plusieurs fois,

(1) Cette pièce nous a été conservée grâce à une copie faite sur l'original en 1966, à l'occasion d'un procès « pendant par devant la cour d'entre le vénérable chapitre de Saint-Antoine, demandeur, en passation de reconnaissance de payement de lods et arrérages de rentes, contre Claude Gerard, battier, deffendeur. » — Advielle, *Histoire de l'ordre hospit.* p., 178-179.

où ne pouvoient mettre estat ny ordre, à cause de la guerre et violence d'icelle. De laquelle déclaration led. sieur chastelain, au nom susdit, en a requis à moy dit notaire soubsigné, actes qui luy ont estés octroyés, en présence d'honnorables hommes George Jassoud et Pierre Borel, clercs, Claude Besche sergent royal, et Guillaume Montanier, dud. Saint-Antoine, tesmoins; lesd. Jassoud, Borel et Besche, avec les susnommés Besche, Catan, Marchand, Guilhermet, Dupinet, Poudrel, Bernard et Noël Marchand, signés, et non les autres pour ne sçavoir escrire. Anisson, procureur, G. Jassoud, tesmoin, Pierre Borel, tesmoin, Dupinet, Poudrel. Ainsy le certifie C. Marchand, Bernard, Noël Marchand, G. Guilhermet ; et moy soubsigné recepvant, de la ville de St-Antoine, Duboys, notaire (1).

IV

Procès-verbal de l'assassinat du P. Charles d'Arzag de la Cardonnière, 1580.

Extractum ex Archiviis Abbatiæ S. Antonii Viennensis per me custodem dictarum Archiviarum subsignatum (2).

« *Anno 1580, die lunæ quarto julii, nouum hæreticorum agmen ex arce Bellouacensi in Delphinatu (Muguetio quodam antesignano) prorumpens in hanc ecclesiam aurora micante insiliit, dum religiosi Matutinas horas Deo persoluerent, quorum octo psalmodiam non derelinquentes ab hæreticis aurum sitientibus ad concussionem captiui facti sunt. Inter hos stridentium armorum fragores probus quidam religiosus jam nonagenarius, cui nomen Carolus Darzag e familia Du Sauel de la Cardoniere in Delphinatu, infixus altari sacra faciebat, a quo non dimouebatur captiuitatis terrore, cui author libertatis præsens erat, imo a sicariis*

---

(1) Collation de la présente a esté faicte à son original estant en papier, ce que requérant les abbé et religieux de Saint-Antoine de Viennois comparants;... et fust rendu l'original, le vingt-neuf des présents mois et an (1666), par moy huissier du roi en sa cour de Parlement, commis et soubsigné.

Ainsy signé : Cocqueley.

(2) D'après une copie authentique qui se trouve à la bibliothèque de Grenoble, ms. R, 80, t. VIII, fol. 200. « *L'extrait ci-dessus*, lisons-nous en vedette, vers le bas de la copie, *a été deubement vidimé et collationné sur son original par moy notaire royal soubsigné, ce 11 mai 1667.* Fournet, notaire.

hæreticis consummandæ hostiæ copiam impetrauit, a quibus deinde extra portam oppidi uulgo de Chaste nuncupatam, sacris adhuc indutus vestibus, scopeto in fidei et religionis catholicæ odium occiditur.

« *Sic ebulliente adhuc in pectore ejus Christi sanguine, suum pro Christo constanter fudit, seipsumq. in sacrificium Deo obtulit, ad quod iam a multis annis variis bonis operibus maximeque eleemosinis se disposuerat. Nam consulto suæ vestis manicas cæteris latiores deferebat, ut pane frustulento semel repletas pauperibus uicatim occurrentibus, maximè pudibundis arcana liberalitate et ardenti charitate erogaret. Sic bonus ille religiosus duplex sacrificium, primum quidem ut sacerdos, secundum ut victima perfecit.*

« F. J. Thevenin »

Extrait des archives de l'Abbaye de Saint-Antoine en Viennois par moi gardien desdites archives, soussigné.

« Le lundi 4 juillet de l'année 1580, une nouvelle troupe d'hérétiques conduits par un chef nommé Muguet, s'avança du château de Beauvoir et pénétra dans cette église au point du jour, pendant que les religieux chantaient matines. Huit de ces religieux qui ne quittèrent pas la psalmodie furent faits prisonniers par les hérétiques que poussait la soif de l'or. Au milieu de tout ce fracas des armes, un religieux nonagénaire, Charles d'Arzag, de la famille du Savel de la Cardonnière en Dauphiné, n'en continuait pas moins à célébrer la messe à l'autel, et ainsi en présence du Dieu auteur de toute liberté, il ne se laissait pas émouvoir par la crainte de la captivité ; bien plus, il demanda et obtint de ces sicaires hérétiques de pouvoir consommer la sainte Hostie. Saisi ensuite par eux, il fut entraîné, encore revêtu des ornements sacerdotaux, en dehors de la porte du bourg, vulgairement appelée Porte de Chatte, et là, tué d'un coup d'arquebuse, en haine de la foi et de la religion catholique.

« Et ainsi au moment où le sang du Christ était encore comme bouillonnant dans sa poitrine, il répandit généreusement son propre sang pour le Christ et s'offrit lui-même à Dieu en un sacrifice auquel depuis de longues années ses bonnes œuvres et surtout ses aumônes l'avaient préparé. Il portait, en effet, un vêtement dont les manches avaient été faites à dessein plus larges que les autres ; il les remplissait de morceaux de pain et distribuait ensuite ce pain aux pauvres dans les carrefours, ou en secret aux pauvres honteux avec toute l'ardeur de sa charité. C'est ainsi que ce bon religieux acheva son double sacrifice, l'un comme prêtre, l'autre comme victime.

« F. J. Thevenin. »

V

Enqueste du 29 novembre 1593, sur les ravages et dégats commis par les Huguenots en 1562 et 1567 (1).

« Enqueste faite par nous Claude de Lagrange, docteur en droict, conseiller du Roy, juge et lieutenant au bailliage et cour majeure royalle et presidialle du bas Viennois et Valentinois, séant à Saint-Marcelin, sur la requeste présentée par R. Père en Dieu Messire Louis de Langehac, abbé de l'ordre de Saint-Antoine de Viennois, cy-jointe, appointée du vingt sixiesme du présent mois de novembre, avec les tesmoins cy-après nommez, adjournés, comme est contenu aux exploits ci-joints et produits par Me Jacques Robaud, procureur dudit seigneur abbé, à luy assistant frère Antoine Grillet, religieux du monastère dudit Saint-Antoine, commandeur d'Annonay, agent pour ledit seigneur.

Du lundi, vingt neufviesme jour du mois de novembre mil cinq cens nonante et trois, à Saint-Marcellin, en Dauphiné et en l'hôtel d'habitation de nous dit, juge et lieutenant particulier dudit bailliage.

Premièrement, honnorable Antoine Mignon, marchand, né et habitant de la ville de Saint-Antoine de Viennois, aagé d'environ quarante ans, ayant presté serment, dit avoir entendu dire communément et par un bruit qui en est notoire audit Saint-Antoine et accoustumé le temps de sa souvenance, qu'en l'année mil cinq cens soixante et deux, les esglises et maison de ladite abbaye en ladite ville de Saint-Antoine furent saccagées et pillées, les titres, documents et instruments qui y estoient furent prins et emportés, la plupart d'iceux bruslés en ung feu qui fust faict par ceux se disant de la prétendue religion reffornée, communément appellés huguenots ; et ainsy le despose comme chose notoire, ayant mesme veu, luy estant jeune enfant, des pillages et saccagements desdites maisons et esglises, en ladite année mil cinq cens soixante et deux, et aud. temps ouy le commun bruit du bruslement desdits papiers et tiltres ; a encor depuis veu continuer plus grand ravage desdites esglises et maisons par lesdits huguenots, en l'année mil cinq cens soixante et sept, que les précédents troubles furent renouvellés, et plusieurs papiers et biens desdites esglises et abbaye prins et perdus par le moyen desdits troubles et huguenots susdits notoirement.

Repeté, a percisté et s'est soubsigné A. Mignon.

---

(1) Advielle, *op. cit.* p. 169-174. — Nous avons rectifié l'orthographe et parfois même le texte souvent défectueux.

Noël Marchand, espinglier, natif de la ville de St-Antoine en Viennois, où il a habité jusques il y a environ trois ans passés, et à présent habitant à Romans, aagé de soixante ans ou environ, ayant presté serment de dire vérité, examiné sur le contenu en lad. requeste, dit estre vray et notoire, et ainsy l'avoir veü, qu'en l'année mil cinq cens soixante deux que commencèrent les premiers troubles pour le faict de la religion, en ce pays de Dauphiné et royaume de France, les esglises et maisons des cloistriers de lad. abbaye de St-Antoine furent pillées et saccagées par ceux qu'on disait communément huguenots. Et d'aventage, qu'en l'année mil cinq cens soixante sept, lesdits troubles estant renouvellés, fust faict encore plus grand ravage, dégast, ruyne et saccagement desd. esglises, maisons, ornements, tiltres, instruments et papiers estans, dont il a veü grandes quantités desd. papiers qui furent bruslés en monceaux au devant de l'esglise de Notre Dame en lad. ville, et dans le cloistre d'icelle abbaye ; autre grande partie d'iceux papiers furent gastez et deschirés dans l'eaüe ; tel ravage continua par plusieurs jours, ainsy qu'il a comme dessus veü ; et le depose comme chose notoire, et luy mesme desposant s'essaya d'en sauver quelqu'uns desdicts papiers et instruments pour les conserver auxdicts religieux. Dit que sur ce il a, autrefois et depuis longtemps passé, deposé avec plusieurs autres qui en furent semblablement enquis. Sur les généraux interrogatoires a pertinament respondu. Reppeté a percisté et s'est soubsigné.

Noël Marchand.

Bon Jassoud, marchand, habitant en la ville de Saint-Antoine en Viennois, agé de soixante ans ou environ, ayant presté serment de dire vérité, examiné sur le contenu en la susdicte requeste,

Dit estre vray et notoire que durant les troubles advenus pour le faict de la religion en ce pays de Dauphiné et royaume de France, renouvellés par plusieurs fois despuis l'année mil cinq cens soixante et deux, mesme en l'année mil cinq cens soixante et sept, les esglises et maisons de lad. abbaye de Saint-Antoine en Viennois ont estez pillées et saccagées, les papiers, tiltres, instruments et ornements d'icelles prins et emportés ; il a veü en ladicte année soixante sept, brusler grande quantité desdits papiers en un feu qui fust faict à ces fins au devant de l'esglise Notre-Dame, dans les cloistres d'icelle abbaye, par ceux se disants de la prétandue religion refformée, communément appelés huguenots, lesquels se sont par plusieurs fois logés dans lesd. cloistres, faisant lesd. ravages ; ayant estés lesdicts religieux contraints d'en sortir. Ainsy le dépose pour chose notoire et l'avoir veü. — Sur les généraux interrogatoires a pertinament respondu, reppeté a percisté, et a dit ne scavoir escrire pour se signer.

Pierre Bernard, marchand, habitant en la ville de Saint-Antoine de Viennois, agé de cinquante ung ans ou environ, ayant presté serment de dire vérité, dit qu'il se trouva habiter audict Saint-Antoine lors des premiers troubles advenus pour le faict de la religion, en ce pays de Dauphiné, et des seconds advenus en l'an mil cinq cens soixante et sept, et aux troisiesmes, quelques années apprès ; durants lesquels troubles, ceux de la prétendue religion, communément appellés huguenots, portant les armes, se sont logés es maisons et cloistres de ladicte abbaye, ont faict plusieurs desgats, tant es dittes maisons que esglises d'icelle abbaye ; vit que le feu fust mis par lesd. huguenots en ladicte grande esglise, mesme au revestiaire et sacrestie, où l'on tenoit les papiers d'icelle abbaye : vit semblablement plusieurs soldats qui portoient et deschiroient les papiers qu'ils avoient prins dans lesd. maisons ou cloistres d'icelle abbaye, avec grandes insolences et desordres qu'ils y commettoient, notament vit que les capitaines Cacoche, Saint-Ange et Sainte-Marie, de ladicte prétendue religion, estant venus au temps desdicts troubles en ladicte ville de Saint-Antoine, avec leurs trouppes, entrèrent en la maison du sieur de Miribel, où plusieurs des habitans dudict Saint-Antoine, tant ecclésiastiques que autres, avoient retirés leurs biens et papiers plus précieux, qu'ils espéroient par ce moyen conserver ; lesquels advertis que lesdicts capitaines vouloient emporter ce qu'ils trouveroient dans lad. maison, y accoururent, leur remonstrant qu'ils avoient dans lad. maison tous leurs biens ; lesdicts capitaines leur firent responce qu'ils ne vouloient emporter ny prendre aultre chose que ce qui seroit de lad. abbaye, et de faict se saisirent de quatre coffres où l'on disoit qu'avoient estés mis et enserrés les papiers, tiltres et ornements de ladicte abbaye, et prindrent les mulets de l'ouvrier d'icelle abbaye pour porter lesd. coffres où bon leur sembla, et ainsy furent tant lesdicts mulets et coffres que ce qui estoit dedans, perdus : Ce que dessus deposa pour chose notoire et ainsy l'avoir veû. — Sur les généraux interrogatoires a pertinament respondu. Reppeté a percisté et s'est soubsigné. P. Bernard, deposant.

Jean Billon, sergent royal, natif et habitant de la ville de Saint-Antoine en Viennois, aagé de cinquante huict ans ou environ, ayant presté serment de dire vérité, examiné sur le contenu de la susdite requeste, dit avoir veû par plusieurs fois durant les troubles des guerres advenus pour le faict de la religion en ce pays de Dauphiné, depuis l'année mil cinq cens soixante deux, et souvent renouvellés apprès quelques intermissions, que plusieurs gens de guerre se disants de la pretendue religion et communement appellés huguenots, se seroient logés dans les maisons de l'abbaye et cloistre de Saint-Antoine en Viennois, auroient contraints les religieux d'en sortir, auroient faict plusieurs ravages, desgats, ruines et insolences tans es dittes maisons que esglises d'icelle abbaye, prins, deschirés et bruslés plusieurs papiers et instruments qui s'y trouvaient ; et mesme vit qu'en l'année mil cinq cens soixante sept, lesdits se disants de la religion communement appellés huguenots, firent un feu au devant de l'esglise Notre-Dame, dans lesdicts cloistres, de grande quantité et gros monceau desdits papiers. Ainsy a depposé comme chose notoire et pour l'avoir veü. — Sur les generaux interrogatoires a pertinament respondu. Reppeté a percisté et s'est soubsigné.

J. Billon.

VI

Enqueste judicielle, faicte en audience publique des procureurs et advocats du bailliage de Saint-Marcelin, devant le sieur vibally audit siège, le 5 décembre 1597 (1).

Antoine Garagnol, docteur en droits, conseiller du roi et juge majeur au bailliage et siege presidial du bas Viennois et Vallentinois, séant à Saint-Marcelin, sçavoir faisons à tous qu'il appartiendra, que du samedy, treiziesme decembre mil cinq cens quatre vingt dix sept, par devant nous en audiance, a comparu Me Antoine Brenier, advocat audit baillage, remonstrant nous avoir présenté requeste à la part des sieurs régents et vicaires generaux de l'abbaye Saint-Antoine, le siege abbatial vacquant ; contenant ladite requeste de faire apparoitre en cours de Rome et de France, et en plusieurs autres lieux tant dehors que dedans le royaume, des notoires ruines et desmolitions tant des esglises, monastère dudit Saint-Antoine, que des maisons du seigneur abbé et religieux, du reffectoir, des pertes des actes, papiers et documents et revenus de ladite abbaye, et des grandes charges d'icelle, exubérantes de beaucoup ce que reste de liquide et exigeable desdits revenus, par les moyens narrés par ladite requeste, laquelle tend à ce que nous plaise faire sommaire emprinse avec les advocats et notaires, pour en après en octroyer et faire expedier actes auxdits sieurs regents ; sur laquelle requeste nous auroient apointé qu'elle seroit reiterée en jugement ; sur icelle le procureur du roy en ce siège, y pourvoir comme dessus. Et faict lecture de ladite requeste devant lesdits sieurs regents presents, percistent aux fins d'icelle.

---

(1) Advielle, *Op. cit.* p. 174 et suiv.

Me Chabrey, substitut du procureur du roy, a dit qu'il n'avoit moyen d'empescher, et que les ruines, pertes et diminutions narrées à ladite requeste ne sont que trop notoyres, au grand desplaisir des catholiques et destriment particullier de l'ordre.

Nous, dit vibailly et juge majeur, apprès la declaration du substitut, avons prins le serment des advocats et procureurs de ce siege presens, sçavoir Me Guichard de Savoye, Jean Burilhon, Pierre Chabert, Claude Reymond, Estienne du Vache, et Claude Boisset, docteurs et advocats, François Filson (?), François Boisset, Sicard Goulhe (?), Pain Arnault Reboul, Bertrand de Lagrange, François Riboudon, Jean du Vache, Estienne Malein, Claude Selard et Guigues Revol, procureurs, lesquels particullierement et par ordre enquis sur la verité de lad. requeste, ont tous, nul discreppant, dit et affirmé moyennant leur serment, estre certain, évident et nottoire, non seullement aux habitans de lad. ville et au reste du voisinage dudit Saint-Antoine, mais à toutte cette province de Dauphiné, que les esglises dudit monastère, la maison abbatialle desd. religieux et reffectoir, par l'injure des guerres, sont estés ruynés, que les terriers et autres documents, les joyaux des esglises et les meubles dudit monastère sont estés plusieurs fois pillés et saccagés par les soldats, tenants contreparty aux catholiques, et que tant à l'occasion de la perte desdits papiers que la pauvreté du peuple, la plus grande part des rentes de ladite abbaye se trouvent perdues, et les dixmes qu'elle a accoustumé prendre aux lieux circonvoisins ; que mesme les dixmes de la presente ville, appartenantes audit seigneur abbé, ont diminuées de la moityé dès vingt cinq ans en ça, que les devotions et charités dont soulloit dependre la plus grande partye de l'entretenement dud: monastère, l'on n'en voit rien, estants aux uns estainte la dévoltion et charité envers ledit monastère et envers l'esglise, pour le divorse qu'en ont faict avec elle les autres, ne pouvant l'exercer à cause de leur pauvreté, de sorte qu'ils ont dit sçavoir les affaires de ladite abbaye estre reduites en tel estat qu'ils ont veū plusieurs fois et voient et entendent journellement les religieux dudit ordre et monastère accompagné de beaucoup de necessités, pour n'avoir les ageants de ladite abbaye eū moyen de fournir ce qui estoit deūe au couvent pour la nourriture desd. religieux ; ce que disent estre notoire, et que les rentes et revenus de lad. abbaye de ce pays ne sont suffisants et capables pour le support et soutennement des charges à la part des sieurs régents et vicaires généraux de l'abbaye, disant ce que dessus sçavoir, pour n'estre ledit monastère distant que d'une (!) lieue de lad. ville, en laquelle ils ont veū et voyent ordinairement lesdits régents de ladite abbaye pour plaider avec beaucoup de fatigue ce que reste desdits revenus et lesdits religieux demander quelques fois par justice leurs prébandes claustralles ; comme en outre ils ont estés et vont ordinairement audit lieu de Saint-Antoine, où ils ont veü lesd. nécessités de ladite abbaye et couvent. Des revenus que peut avoir ladite abbaye dela les monts, ont dit n'en pouvoir deposer pour n'en estre bien particullièrement advertis, et ainsy l'ont rapporté. Sur lequel rapport le substitut dudit procureur du roy derechef ouy et consentant, nous vibally et juge majeur aurions tenu et tenons pour nottoire et manifeste les ruynes, pertes et diminutions, et charges respectivement narrées par ladite requeste, avons ordonné et ordonnons que de lad. notoyrietté seront faits et expediés actes ausd. sieurs régents, pour leur servir et valloir ce que de raison. Sera le tout enregistré audit registres des sceaux, pour y avoir recours quand et par qui appartiendra.

Garagnol, vibailly ; et moy escrivant, Pain, substitut du greffier.

VII

Enqueste juridique faicte par M. le Lieutenant au bailliage de Saint-Marcelin, dans l'abbaye de Saint-Antoine, avec plusieurs gentilshommes et notables, 25 aoust 1605 (1).

Le 25e jour du mois d'aoust, après midi, 1605, dans la ville de Sainct-Antoine de Viennois, et dans la maison d'habitation du seigneur et reverendissime abbé dudit lieu, par devant nous Pierrre Bernard, docteur en droits, conseiller du roy, lieutenant particulier du bailliage de Sainct-Marcellin, auroit comparu frère Gaspard Brenier, religieux de l'ordre dud. Sainct-Antoine, comme procureur et sindic, en cette partie depputé par les sieurs grand prieur et chanoines cloistriers du chapitre dudit couvent de Sainct-Antoine en Viennois. Lequel nous auroit representé qu'au sujet des guerres civilles qui auroient eü cours en cette province de Dauphinés plus qu'au demeurant du royaume de France, les rentes, pentions, droicts et revenus dudit chapitre seroient tellement diminués, les bastiments des esglises et des hospitaux en dependants et de ladite abbaye, et ceux des religieux d'icelle, que ce qu'il reste à present desdits droict,

---

(1) Cette enquête montre à quel point l'abbaye de Saint-Antoine avait été atteinte dans ses forces vives par les guerres de religion, puisqu'il est nécessaire maintenant de chercher l'augmentation de ses revenus par l'union de commanderies étrangères. La présente enquête énumère les motifs de l'union, de la commanderie d'Aumonières à la mense capitulaire. — Archives du Rhône fonds de Saint-Antoine, H., Carton 363.

et revenus, tant s'en fault qu'ils fust suffisant pour remettre et restablir lesdits édiffices abatus; que mesme il ne seroit bastant de fournir à l'entretenement et nourriture desdits chanoines cloistriers profex, qui sont en grand nombre, outtre les novices, et aux aulmosnes et distributions ordinaires, desquels ledit chapitre est chargé envers les pauvres en affluance, oultre ceux qui sont continuellement nourris dans lesdits hospitaux. Ce qui auroit occasionné lesdits religieux et chapitre, pour le zele et desir qu'ils ont eû de veoir restablir toute chose en leur ancienne splendeur et dignité, à l'honneur et gloire de Dieu, et de faire encor reverdir et resfleurir son sainct et sacré service audit lieu, après tant de tempestes et orages eslevées pour l'anéantir et le perdre; fortiffiés de l'ardente devotion et zele, et du consentement tant du Reverendissime abbé dudit lieu, que de frère François Roy, titulaire de la commanderie d'Aulmosnières, recourir à Sa Saincteté pour, au sujet que dessus, obtenir d'icelle l'union de ladite commanderie à la table conventuelle dudit chapitre, pour ayder à satisfaire et fournir aux choses sus mentionnées. Lequel, inclinant à leur juste desir, leur auroit accordé ladite union par ses bulles du [IVe kal. jun.] de la presente année. Et neantmoins, pour la fulmination desdites bulles et signatures apostoliques concedées aux fins de ladite union, auroit delegué le reverand official de Langres, luy apparoissant des ruines, diminutions et pertes susnarrées. A quoy desirants satisfaire lesdits religieux et chapitre, et justiffier par moiens legitimes la verité de ce qui auroit esté desduit et representé de leur part à N. S. P. le Pape, nous auroit requis comme juge royal et majeur du terroir où ladite abbaye de Sainct-Antoine en Viennois se treuveroit enclose et située, nous transporter en ce lieu où il auroit faict assigner par devant nous aux jour, lieu et heure, les tesmoins cy après nommés, scavoir noble Antoine de Chastelard, sieur de Vaux, noble Joachim Rabot, sieur de Bussières, noble Claude de la Porte, sieur de Sainct-Lathier et Larthaudière, noble Nicolas de Bourchenu, noble Gaspard de Chapponaix, sieur de Sainct-Bonnet, Me Antoine Brenier, docteur en droicts, juge ordinaire dudit Sainct-Antoine, frère Joachim Darsag, prieur de Sainct-Vallier, honneste Gaspard Charron, honneste Gabriel Charreard, honneste Bon Jassoud, honneste Jean Piemont, honneste Noel Marchand, Antoine de Champ, tous habitants ou proches voisins dudit lieu de Sainct-Antoine. Tous lesquels tesmoins icy presents ledit sindic nous auroit produicts pour la preuve et justification des choses susnarrées resultant d'aillieurs de l'inspection et veûe d'icelle; nous requerant d'iceux requerir le serment en tel cas requis; puis iceux ouys et examinés sur la notoriété de ce que dessus, requerant Messire Antoine Tholouzain, abbé de Sainct-Antoine, comme collateur ordinaire de ladite commanderie d'Ausmonières, de laquelle on poursuit l'union susdite, et ledit sieur de Sainct-Laurent, titulaire d'icelle à present, declarer en notre presance s'ils ne consentent à lad. preuve, production et veriffication, et de ce nous requerent leur estre faicts actes. Et après que lesd. reverendissime abbé et sieur de Sainct-Laurent auroient faict declaration en nostre presence et des susnommés, approuver et agréer lesdites formalités et preuves, et l'union du benefice susdit aux conditions et charges ennoncées auxdites bulles et signatures apostoliques,et sous les reservations à eux accordées, dont aussi ils nous auroient requis leur estre faicts actes pour leur servir et valoir ce que de raison. Et après que tous les susnommés tesmoins, en leur presence, auroient tous levé la main à Dieu et promis avec serment solemnel de dire et deposer verité entre nos mains sur ce qu'ils seront enquis de nostre part, avons iceux tesmoins receus comme tesmoins sont à recevoir, et octroié tant audit seigneur reverendissime abbé et sieur de Sainct-Laurent et audit sindic actes de leurs comparants, productions, declarations et protestations pour leur servir et valoir ce que de raison. Puis nous estants separés avec nostre greffier soubsigné et tous les tesmoins susnommés produicts à la part dudit sindic, et entrés avec iceux dans une chambre estant du costé du levant de la maison dudit sgr abbé, avons derechef à iceux faict prester le serment de dire verité, leur aiant faict faire lecture à nostre dict greffier, tant des bulles susdites et signatures apostoliques de N. S. P. le Pape, que de la requeste à nous presentée par le sindic au nom dudit chapitre, et leur aiant le tout bien particulierement faict entendre, ont tous d'une voix nul discrépant, par l'organe neantmoins dudit noble Joachim Rabot, sieur de Bussières, dict et affirmé bien savoir qu'audit monastère sont le nombre de 50 chanoines cloistriers profex, outre les novices, pour la celebration du divin office, desquels la portion tant en pain, bled, vin, que argent, revient annuellement, pour le chascun du moins, à la somme de 50 escuz (1) : oultre ce que dans iceluy monastère il y a deux grands hospitaux, où, de temps immémorial les pauvres de l'un et l'autre sexe, estants attaincts du mal que vulgairemement on appelle le feu Sainct-Antoine, sont reçus et admis, nourris et medicamentés en grand nombre, et pour la pluspart vestus, aux despens dudit couvent. Lequel couvent est aussi accoustumé toutes les années, la veille de la Nativité de N.-S., faire une aulmosne generale à laquelle aborde et vient plus de quatre cents personnes, à chacun desquels on distribue six livres pain blanc et noir par moictié ; aussi le Jeudi-Sainct, de 500 petits pains, aux pauvres affluants de tous endroicts ; et encore, depuis les festes de Pasques jusques à la feste de S. Jean-Baptiste, trois fois la

(1) Cinq escus ! ADVIELLE, *loc. cit.* p. 182.

sepmaine on faict audit couvent une aumosne generale auxdits pauvres, pour laquelle entretenir à peine deux cents sestiers froument y peuvent fournir ; et chascune feste de Toussaincts, [on] distribue grande quantité de drap noir suffisante pour vestir trente pauvres ; outre autres aulmosnes et œuvres pies, accoustumées estre exercées audit couvent envers les pelerins y arrivants. Disants en outre bien scavoir que les bastiments tant de l'esglise, hospitaux susdits, que des maisons particulières des religieux, ont esté par l'injure des guerres, violence et ravage des ennemis de la religion apostolique et romaine, tellement ruinés, desmolis et abbatus, que avec grande incommodité le divin service y est celebré en l'esglise, les pauvres receus aux hospitaux, et les religieux logés dans leurs maisons, bien que auparavant la naissance des guerres civiles, les bastiments fussent des plus grands et celebres de ce royaume, desquels à present il ne reste que des vestiges affreux ; ladite abbaye ayant estée exposée à la mercy et discrétion des heretiques et autres gens de guerre, pour estre située en un lieu ouvert, depeuplé et baudres *(sic)*, qui a causé aussi le bruslement et perte de leurs principaux papiers, documents, terriers et autres instruments et tiltres auxquels concistoient leurs principaux et plus specieux droicts et revenus, à tant que ce qui leur reste aujourd'huy de revenu annuel après tant et si frequentes pertes, ruines, saccagements et ravages, n'est suffisant de subvenir non à la reparation desdits ediffices ruinés, mais à l'entretennement des religieux susdits, attendu leur grand nombre ; disants et affirmants les choses susdites estre certaines et veritables. Et pour cause de science ont dict estre tous habitants ou proches voisins de ladite abbaye de Sainct-Antoine, et avoir veu et sceu puis longues années tout ce que dessus estre arrivé au monastère susdit ; oultre que l'inspection et veue des ediffices justiffie assés la ruine d'iceux ; le surplus estant evidant, clair et notoire à tous ceux de cette province. Puis à l'instant, aiant tous les susdits tesmoins repetés, separement l'un après l'autre en leurs depositions generales susdites, ont deposé en la forme cy-après escripte et se sont signés.

Ainsy signé : Bussières, Larthaudière, Bourchenu, G. de Chapponays, Sainct-Bonnet, A. Brenier, et plus bas, Chastellard.

Suivent les dépositions particulières des témoins, que nous omettons, parce qu'elles ne font que confirmer ce qui précède, sans ajouter aucuns nouveaux détails.

Ainsy a esté par nous procédé.

Signé : Bernard, lieutenant audit bailliage.

Et moy, substitut du greffier, escrivant sous ledit lieutenant.

Signé : Nicolas Lacem, substitut.

V

Liste des consuls de Saint-Antoine pendant les guerres de religion (1).

Années 1561-1562 Elias Artaud et Pernet Isérable.
» 1562-1568 . . . .
» 1568-1569 Pierre Perier et Jean Cloct.
» 1569-1570 Pierre Pain et. . . .
» 1570-1573 . . . .
» 1573-1575 Me Claude du Pinet notaire et Georges Jassoud.
» 1575-1577 Jean Bèche dit Lambert et Louis Ducroz.
» 1577-1578 Pierre Chapotton Forest et. . . . . . .
» 1578-1579 Pierre Artaud et. . . . .
» 1579-1580 Jehan de la Garde et Claude Grillet.
» 1580-1581 Antoine Fay et Sébastien Clot.
» 1581-1582 Antoine Chapuis et Balthazard Grillet.
» 1582-1583 Jean Iserable (qui subroge Antoine Isérable) et . .
» 1583-1584 Jean Gonnet et Caffiot.
» 1584-1585 Eymard Mignon et Eustache Piémont.
» 1585-1586 Antoine Vourey dit Billet et Louis Guillermet.
» 1586-1587 Baptiste de la Grange et Jean Bermondie.
» 1587-1588 Michel Isérable et Pierre Villard.
» 1588-1589 Antoine Jasserme et Gabriel Charréard.
» 1589-1590 Pierre Ageron et Jean Clerc.
» 1590-1591 Jean Piémont et Bon Jassod.
» 1591-1592 Antoine Lavis et Pierre Vivier.
» 1592-1593 Antoine et Pierre Mignon, frères.
» 1593-1594 Pierre Artaud et Jean Vatilleu.
» 1594-1595 Antoine Guillermet et Nicolas Pain.
» 1595-1596 Etienne Brunet et Jean Perret, dit de Rossat.

(1) Nous avons dit dans le cours de cet ouvrage que l'élection des consuls à Saint-Antoine avait lieu chaque année à la fête de Saint Jean-Baptiste, 24 juin.

Annotations rectificatives

I. — (De la page 25). — François de Frize était, non pas frère, mais fils de Pierre de Frize. Cette confusion est d'ailleurs le fait de tous les auteurs qui jusqu'ici ont eu à s'occuper de cette famille.

II. — (De la même page 25, note). — Nous devons faire remarquer que les deux professions de *barbier* et de *chirurgien* attribués à Jean de Nully, loin d'avoir entre elles une opposition quelconque, sont au contraire identiques : *barbier* étant à cette époque (xve siècle) synonyme de *chirurgien*.

III. — (De la page 179, note). — Le volume de l'année 1597 des *Minutes* d'E. Piémont que nous disions perdu, vient d'être heureusement découvert, et il contient entre autres, des renseignements qui nous obligent à rectifier comme suit les notes des pages 178 et 179 :

Antoine Grillet succéda à Ant. Anisson dans les charges d'ouvrier et de commandeur de Chambéry.

L'abbé Louis de Langeac fut commandeur de Lyon, Aumonières, Troyes et Nabouzac, jusqu'à sa mort, en septembre 1597 ; mais dès le 10 octobre (aussitôt après la nomination des régents) frère François Roy fut pourvu de la commanderie de Troyes.

Ainsi tous ces commandeurs purent assister à l'élection de l'abbé Tolozain avec les qualités que leur attribue Piémont dans ses *Mémoires*.

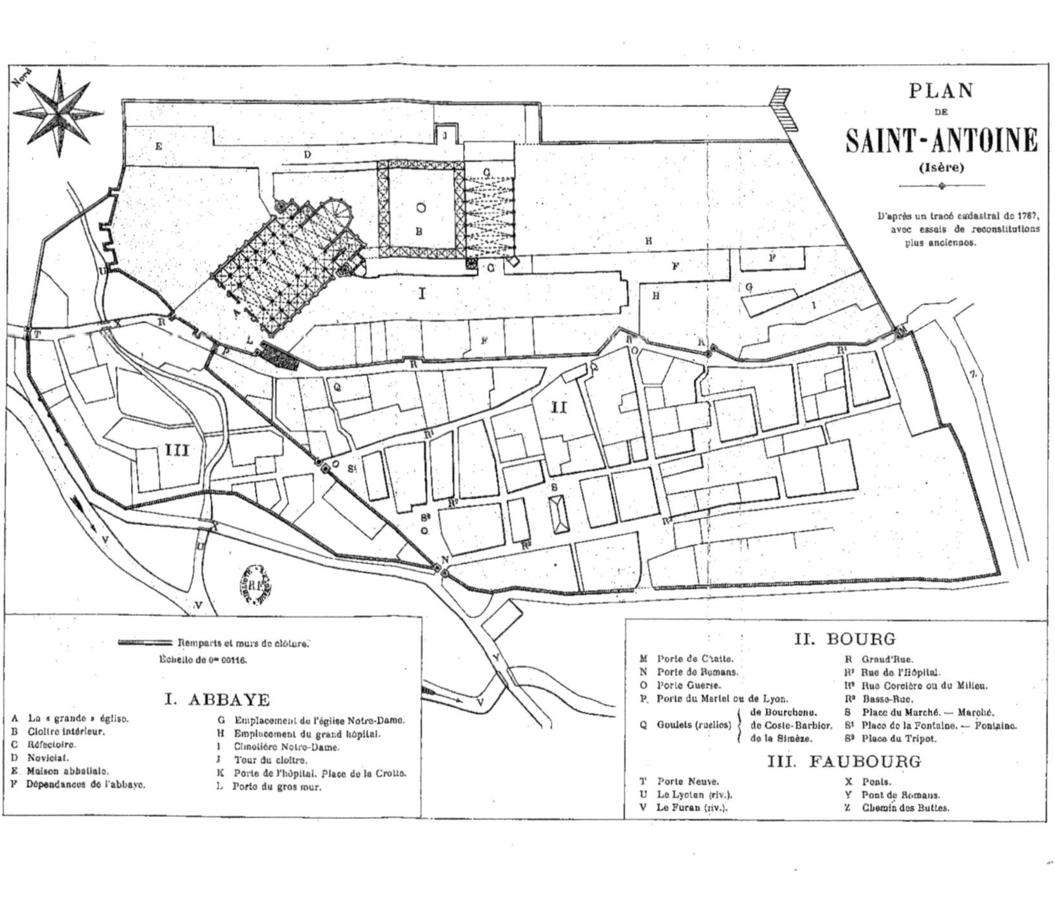
Nord
PLAN
DE
SAINT-ANTOINE
(Isère)
D'après un tracé cadastral de 1787,
avec essais de reconstitutions
plus anciennes.
Remparts et murs de clôture.
Échelle de 0m 00116.
I. ABBAYE
A La « grande » église.
B Cloître intérieur.
C Réfectoire.
D Noviciat.
E Maison abbatiale.
F Dépendances de l'abbaye.
G Emplacement de l'église Notre-Dame.
H Emplacement du grand hôpital.
I Cimetière Notre-Dame.
J Tour du cloître.
K Porte de l'hôpital. Place de la Crotte.
L Porte du gros mur.
II. BOURG
M Porte de Chatte.
N Porte de Romans.
O Porte Guerse.
P. Porte du Martel ou de Lyon.
Q Goulets (ruelles) de Bourchenu. de Coste-Barbier. de la Simèze.
R Grand'Rue.
R1 Rue de l'Hôpital.
R2 Rue Corcière ou du Milieu.
R3 Basse-Rue.
S Place du Marché. — Marché.
S1 Place de la Fontaine. — Fontaine.
S2 Place du Tripot.
III. FAUBOURG
T Porte Neuve.
U Le Lyotan (riv.).
V Le Furan (riv.).
X Ponts.
Y Pont de Romans.
Z Chemin des Buttes.

TABLE

ILLUSTRATIONS

MATIÈRES

Valence. — Imprimerie Jules CÉAS et fils.

www.ingramcontent.com/pod-product-compliance
Ingram Content Group UK Ltd.
Pitfield, Milton Keynes, MK11 3LW, UK
UKHW022014170726
13837UKWH00001B/182